浙江省"十三五"一流学科"应用经济学"研究成果

浙江省重点创新团队"现代服务业创新团队"研究成果

浙江省哲学社会科学研究基地"浙江省现代服务业研究中心"研究成果

浙江省基础公益研究计划项目"浙江省绿色发展的机制设计与路径选择（LGF19G030005）"阶段成果

浙江树人大学青年学术团队项目"功能分工视角下区域经济一体化发展研究"阶段成果

浙江树人大学著作出版基金资助成果

服务业与服务贸易论丛

THE DEVELOPMENT OF CHINA'S

HIGH TECHNOLOGY INDUSTRY

FROM THE PERSPECTIVE OF SYSTEM COUPLING

系统耦合视角下
我国高技术产业发展研究

徐 波◎著

ZHEJIANG UNIVERSITY PRESS
浙江大学出版社

图书在版编目(CIP)数据

系统耦合视角下我国高技术产业发展研究 / 徐波著.
一杭州:浙江大学出版社,2020.6
ISBN 978-7-308-20236-7

Ⅰ.①系… Ⅱ.①徐… Ⅲ.①高技术产业—产业发展
—研究—中国 Ⅳ.①F279.244.4

中国版本图书馆 CIP 数据核字(2020)第 086325 号

系统耦合视角下我国高技术产业发展研究

徐 波 著

丛书策划 责任编辑	吴伟伟 weiweiwu@zju.edu.cn
责任校对	杨利军 夏湘娣
封面设计	木 夕
出版发行	浙江大学出版社
	(杭州市天目山路 148 号 邮政编码 310007)
	(网址:http://www.zjupress.com)
排 版	浙江时代出版服务有限公司
印 刷	浙江新华数码印务有限公司
开 本	710mm×1000mm 1/16
印 张	11.75
字 数	186 千
版 印 次	2020 年 6 月第 1 版 2020 年 6 月第 1 次印刷
书 号	ISBN 978-7-308-20236-7
定 价	68.00 元

总　　序

　　以服务业和服务贸易为主要内容的服务经济迅速崛起,成为 20 世纪中叶以来世界经济发展的显著特征。服务业和服务贸易在国民经济中的比重不断上升,成为促进国民经济效率提高和国民产出总量增长的主导力量。

　　把服务业作为一个完整概念提出并进行系统的理论研究,是 20 世纪才开始的。分处不同时代的西方经济学家从不同角度揭示了人类社会发展过程中,国民生产总值的最大比例从第一产业转向第二产业,进而转向第三产业——服务业的客观规律性。20 世纪 80 年代中后期,西方发达国家服务业的比重普遍超过了 60%,并呈现持续增长的态势,服务经济被纳入国民经济整体中进行考察。关于服务的理论研究也不断深化。国内学者对服务经济的理论研究始自 20 世纪 60 年代,服务的性质、服务的价值创造、服务业在国民经济中的地位和作用、服务业各行业发展的理论与实践研究、服务业与服务贸易竞争力分析等都被纳入研究范畴。随着服务业和服务贸易在我国经济结构调整、发展方式转变和经济社会可持续发展中的重要性越来越突出,服务经济研究也日益被人们所重视,研究深度和广度也在不断扩大。

　　浙江树人大学研究团队从 2000 年开始致力于现代服务业、国际服务贸易研究,是国内较早专门从事服务经济领域研究的学术团队之一,研究成果获第四届教育部人文社会科学优秀成果二等奖、全国商务发展研究成果优秀奖、第十三届浙江省哲学社会科学优秀成果一等奖、浙江省高校科研成果一等奖等奖项。目前,浙江树人大学现代服务业研究团队是浙江省重点创新团队,"浙江省现代服务业研究中心"是浙江省哲学社会科学研究基地,"应用经济学"学科是浙江省"十二五"重点学科,"国际经济与贸易"专业因服务贸易人才培养特色获得"国家特色专业"和"浙江省优势专业"称号。"服务业与服务贸易论丛"是上述创新团队、基地、学科和专业建设的成果,也是团队近年刻苦研究的结晶。

在"服务业与服务贸易论丛"出版之际,衷心感谢浙江省委宣传部、浙江省社科联、浙江省教育厅和浙江树人大学各级领导的关心和支持,感谢中国社会科学院财经战略研究院服务经济研究室、中山大学第三产业研究中心等学术界同仁的帮助,感谢研究团队所有成员的辛勤付出。期待得到学界同行和读者们的批评指教。

夏　晴

2013 年 3 月

前　言

　　长期以来,我国靠资源要素投入为主的粗放型发展方式造成了资源消耗巨大、环境污染严重、产业结构失衡、部分产业产能过剩、整体投资效率低下等一系列严重问题,这些问题将会制约我国未来更长时期经济的可持续发展。因此,我们必须转变经济发展方式,调整经济结构,培育新的经济增长点。

　　自 20 世纪 70 年代以来,以信息技术、生物技术和新材料技术等为代表的高技术产业对世界各国和地区经济产生了深刻影响,已成为一国或地区综合实力的重要衡量指标。由于高技术产业具有收益高、附加值高、技术含量高、资源消耗少等特征,大力发展高技术产业,一方面对经济新常态下我国培育与打造新的增长点、改造传统发展引擎、调整产业结构具有重要引领作用;另一方面对经济增长方式转变到依靠科技创新为主要动力的内涵发展、集约发展上来具有重要推动作用。

　　近年来,我国高技术产业整体上呈现出快速发展态势,2018 年高技术产业总产值已达 193686.96 亿元,占 GDP 比例已达 21.83%,对促进区域经济增长做出了重要贡献。但同时,我国高技术产业产值、利税、出口交货值等 80% 左右集中在东部,五大行业中电子及通信设备制造业占据"半壁江山",总之,在高技术产业发展中存在区域以及产业不均衡现象。及时总结我国高技术产业的发展现状以及存在的问题和不足,从理论和实证角度具体探讨高技术产业与区域经济间的相互关系,探究高技术产业对区域经济的具体贡献以及区域经济中有哪些影响高技术产业发展的因素,重新审视高技术产业与区域经济间的互动关系,这些对于政府制定进一步推进高技术产业持续健康发展的对策,以及实现经济增长方式的转型,加快创新型国家建设步伐等均具有重要战略意义。创新的目的在于形成发展优势,而发展优势最终要体现在产业优势上，当前，高技术产业无疑将是优势产业的主要代表。

本研究主要基于产业结构理论、产业发展理论、内生增长理论、区域分工理论、创新理论、系统科学理论、耦合理论和演化理论，紧紧围绕高技术产业发展主题，综合运用政治经济学、区域经济学、计量经济学、管理学等研究方法，首先对国内外现有研究文献进行了评述，继而在构建高技术产业与区域经济相互作用机制的基础上，从定性和定量两方面详尽分析高技术产业与区域经济间的相互作用。同时，静态分析方面，具体运用协调发展度模型从时间（2002—2013年）和空间（全国层面及东部、中部、西部和东北四大经济区域）维度对高技术产业与区域经济协调发展情况进行了研究，并进行对比分析；动态分析方面，借用物理学中耦合理论和实证模型，实证分析了高技术产业与区域经济互动水平及动态演变态势。

本研究的主要研究成果及结论如下。

一、国内外研究现状评述及理论基础借鉴

本研究紧紧围绕高技术产业对区域经济的促进作用、区域经济影响高技术产业发展的因素以及高技术产业与区域经济两者互动关系这一研究主线，对国内外相关研究文献进行梳理，概括了现有研究视角，并对现有研究的不足进行了简要评述；同时，基于理论和实证分析需要，对本研究所涉及的内生经济增长理论、产业结构理论、产业发展理论、区域分工理论、创新理论、系统科学理论和演化经济学理论等进行介绍，为开展研究奠定基础。

二、全面总结我国高技术产业发展现状

认真分析并总结了我国高技术产业起步、成长、快速发展三个阶段中政府出台的相应政策以及取得的发展成果。在对全国层面分析时，从产业规模、产出效益、创新能力、发展潜力、社会效益等五大方面进行论述，研究显示，整体上我国高技术产业已取得显著成绩，总产值不断增大，产出效益明显提升，创新能力不断增强，R&D投入强度逐年增大，从业人员显著增加；对四大区域及五大行业分析时，具体从总产值、主营业务收入、利润、利税、出口交货值、R&D经费内部支出等六个方面展开，通过分析发现，东部地区是我国高技术

产业最为发达的地区,各项发展指标占比约为 80%,而电子及通信设备制造业是各行业中发展最为突出的。

三、系统耦合视角下高技术产业发展机制分析

借助系统论思想,在分析高技术产业与区域经济各子系统构成要素的基础上,一方面,分析了高技术产业通过推动技术进步、促使制度创新、提升产业结构、培养高素质人才等对区域经济产生直接或间接的促进作用;另一方面,论述了区域经济可为高技术产业发展提供坚实的经济保障、产业基础、智力支撑和良好的外部环境等。进而,构建"高技术产业—区域经济"复合系统,并分析了复合系统的相互作用机制,为从实证角度探讨两者间的相互关系奠定了理论基础。

四、高技术产业的增长效应与影响因素分析

运用灰色关联理论与方法实证检验了高技术产业与区域经济间的关联度,结果显示,对全国层面以及东部、中部地区来说,高技术产业与区域 GDP 关联度最大,而西部和东北地区,高技术产业与区域 GDP 关联度排名第二位,但与排名第一的产业关联度的差距不大;进一步,本研究基于 C-D 生产函数构建了静态实证模型,利用 2002—2013 年我国 31 个省(区、市)的面板数据,实证测度了高技术产业 R&D 经费内部支出对区域经济增长的贡献。结果显示,东部地区贡献最大,东北地区最小;对高技术产业发展影响因素的实证分析方面,在考虑循环累计效应的基础上,构建了动态面板模型并使用系统 GMM 估计方法实证检验研发投入、经济发展水平、发展环境、产业集聚度等因素对高技术产业发展的影响情况。结果显示,各地高技术产业发展均存在较强的循环累计效应,区域经济发展水平、人员投入、市场环境、产业集聚度的影响系数也为正,但各地差异较大;研发经费对高技术产业的影响只有西部地区为正,其余地区为负,但影响程度均不大。

五、静态耦合下高技术产业发展研究

从系统论视角出发,首先构建了包含 5 个一级指标、22 个二级指标的高技

术产业系统评价体系和包含 5 个一级指标、20 个二级指标的区域经济系统评价体系。运用极差标准化方法对各指标数据进行处理,并用变异系数法对指标权重进行赋值,运用协调发展度模型,对全国以及四大经济区域两者间协调情况进行实证分析。结果显示,总体上,各区域中两者协调发展度呈上升态势,由濒临失调或轻度失调进入良好协调阶段,但各区域在协调发展各阶段所经历的时间不尽相同;同时,四大区域中,东部地区大多年份协调发展度均高于其他三个区域。

六、动态耦合下高技术产业发展研究

为更好地解释和研判高技术产业与区域经济互动关系的演变态势,本研究从动态演化视角出发,借助物理学中耦合的思想和实证模型,基于已构建的评价指标体系、处理方法和计算得到的高技术产业与区域经济综合发展指数,具体分析高技术产业与区域经济间互动关系。结果表明,全国层面以及中部地区在 2002—2013 年均处于协调发展阶段,而东部地区则处于极限发展阶段,西部地区 2005 年开始由低级协调共生阶段进入协调发展阶段,东北地区情况稍显复杂,但大多年份仍处于协调发展阶段。总之,动态演化方面,高技术产业与区域经济间互动关系呈现不同的发展路径。同时,本研究还对 2014—2025 年高技术产业与区域经济互动关系态势进行了预测,拓宽了现有理论中对两者关系研究的视角。

七、发展高技术产业的政策建议

为保持高技术产业持续健康发展,同时实现高技术产业与区域经济互动关系良性发展,本研究从宏观、中观和微观三个层面提出了政策建议,认为高技术产业政策或发展规划应尊重产业发展规律,建立科学、高效的协调管理机制,构建政策实施效果的评价机制等;高技术产业政策与区域经济政策要相统一,注重各区域演化水平的平衡发展,积极构建高技术产业协同创新体系;以发展高技术企业为切入点,强化高技术企业的创新主体地位,不同地区应选择不同的发展模式,应根据不同区域的特点,采取不同措施提高两系统的协调发展水平。

目　录

第一章 绪 论

自 20 世纪 90 年代以来,以信息、生物、纳米等为代表的高技术取得了前所未有的快速发展,由于其具有技术含量高、研发投入高、附加值高、创新性高而能源消耗低等特点,世界上许多国家或地区纷纷制定政策措施,大力发展高技术,以提升经济竞争力。而以高技术为基础的高技术产业也逐渐成为各国或地区努力发展经济的主要着力点和增长点,已成为衡量一国或地区综合实力的重要指标。经过多年的发展,高技术产业已逐渐成为促进经济增长的先导产业和增强竞争力的战略性产业,是各国或地区竞争的焦点。

第一节 研究背景

我国自 1978 年改革开放以来,在市场化取向的渐进式改革推动下,经济呈现出高速增长态势,GDP 由 1978 年的 3679 亿元增长到 2018 年的 900309 亿元,年均增长率高达 9.5%,而同期世界平均增长速度只有 2.9% 左右,人均收入也从 1978 年的 220 美元增长到 2018 年的 9770 美元,成功迈入中等收入国家的行列,创造了世界经济史上令人瞩目的发展奇迹。

在取得巨大发展成绩的同时,我国经济也面临着一些重大国际挑战。进入 21 世纪以后,特别是自 2008 年源于美国次贷危机的全球性金融危机以及随后的欧洲主权债务危机以来,世界经济发展格局处于深度调整中,各国深层次、结构性问题没有解决,低增长、低贸易流动、低通货膨胀率、低投资和低利率是当前国际经济形势的显著特征。全球需求不足、各经济体货币政策分化加剧、国际市场大宗商品特别是原油价格大幅下跌、以股市和汇市为代表的国际金融市场再起波澜,以及地缘政治等非经济因素将继续影响国际经济的运行和走势,同时,也将使中国经济发展的外部环境更加复杂化。

反观国内经济发展方式,长期靠资源要素投入的粗放式发展方式带来了一系列严重问题,资源消耗巨大、环境污染严重、产业结构失衡、部分产业产能过剩、整体投资效率低下等,这些因素将会制约我国"十三五"及更长时期经济的可持续发展,因此,我们必须转变经济发展方式,调整经济结构,培育经济增长新动能。经济新常态下,经济增长必须是讲求质量的增长,必须加大对传统引擎的改造升级,积极通过对产业化的创新来培育和打造新的增长点,使经济增长转变到靠科技创新为主要动力的内涵发展、集约发展上来。

2006 年 1 月,全国科学技术大会首次提出建设"创新型国家"的奋斗目标,之后党的十七大、十八大报告又将"提高自主创新能力,建设创新型国家"的目标提升到了战略层面。2011 年 7 月,科技部等部委制定的《国家"十二五"科学和技术发展规划》从实现经济社会又好又快发展的要求出发,把促进高技术产业发展放在了重要位置。2015 年 10 月,中国共产党第十八届五中全会上提出了"创新、绿色、协调、开放、共享"的发展理念,再次强调要把创新摆在国家发展全局的核心位置,把发展基点放在创新上,发挥科技创新在全面创新中的引领作用。在良好外部条件作用下,近年我国高技术产业发展十分迅速。《中国高技术产业统计年鉴 2017》的数据显示,2016 年,我国高技术产业主营业务收入已达 15.38 万亿元,利税 1.49 万亿元,高技术产业就业人员占制造业和全社会人员比重分别为 16.3% 和 1.7%,进出口总额为 1.12 万亿美元。在当前中国经济面临严重下行的压力下,2019 年上半年,高技术产业增加值同比增加 9.0%,比规模以上工业企业增速高 3.0 个百分点。可以说,高技术产业已成为促进产业结构转变和升级、推动国民经济持续发展的重要力量。

在后金融危机时代,中国经济进入"新常态",区域经济如何稳步发展是各方面临的重要难题,发挥高技术产业在推动经济增长方面的重要作用,转变经济发展模式和优化产业结构是各地政府的首要任务。大力发展高技术产业既是我国立足当前经济结构转型的重要举措,也是着眼未来世界经济格局的战略选择。然而,我国高技术产业发展还存在一些问题,一方面,与发达国家相比,还有一定差距,研发投入强度偏低,高技术产业创新力有待提升,整体利润率不高;另一方面,自身还存在高技术产业占制造业比重还比较低,区域和行业差异比较大,并对传统产业提升作用不明显等一些问题,这也是我国产业结构不合理、科技创新能力不强、经济增长质量不高的现实表现。

随着世界经济一体化进程的加快,国际市场的竞争也将愈演愈烈,高技术产业发展的外部环境以及内在要求也面临着更加严峻的挑战,如何界定高技术产业发展的战略地位,如何进一步发展高技术产业,高技术产业与区域经济间关系到底怎样,目前学术界关于这些问题的研究还有待完善。全面认识高技术产业与区域经济间的客观关系,不仅涉及产业政策制定的科学性、有效性问题,更是关系到高技术产业自身以及国民经济又好又快发展的重大问题,这些构成了本研究的出发点和落脚点。

第二节　研究价值

我国正处于深度调整期,升级产业结构和转变经济发展方式的任务艰巨,及时总结我国高技术产业的发展现状,从新的视角解析高技术产业与区域经济间的相互关系,探究如何推进高技术产业持续健康发展,对于调整经济结构、转变经济增长方式、加快"创新型国家"建设步伐具有重要的战略意义。

一、理论与学术价值

加快高技术产业的发展是学术界、实业界和政府部门共同关注的问题,本研究以内生增长理论、创新理论、演化理论、产业结构理论、产业发展理论、区域分工理论、系统科学理论为基础,从中国高技术产业发展现状出发,综合运用文献分析、定性分析、定量分析、比较分析等方法,分析高技术产业与区域经济间的相互作用关系,并构建两者间的互动机制,从中观视角来分析高技术产业与区域经济间互动关系,并对这种互动关系的时空差异做详尽解读,既有助于丰富现有高技术产业经济学研究理论与方法,又能为全面、深刻理解高技术产业与区域经济间的关系提供新的理论视角。

二、现实与实践价值

在当前我国高技术产业总体快速发展的情况下，仍然存在高技术产业发展的区域不均衡现象，通过高技术产业促进区域产业结构升级，进而实现区域经济均衡发展是当前我国的一项战略任务。为此，我们需要认真梳理当前我国高技术产业发展的现状及其区域不均衡现象，并探究高技术产业对区域经济的具体贡献及区域经济中哪些因素会影响高技术产业的发展，厘清两者间的作用机制，为政府清晰认识当前高技术产业存在的问题以及制定更有针对性的高技术产业政策提供理论依据和政策参考。

第三节　相关概念的界定

一、高技术与高技术产业

（一）高技术

高技术（high technology 或 high-tech），又被称为高科技或者高科学，由美国国家科学院于 1971 年首次提出。1983 年，美国《韦氏国际词典》（第 3 版）（*Webster's International Dictionary*）将"高技术"一词收录到增补的词典中，认为高技术就是最新的科学方法或技术的使用或创造，是处于当代科学技术前沿，使用尖端方法和先进仪器的技术。美国学者科瑞（D. Crane）从是否同科学相结合的角度来区分应用研究是高技术还是低技术，两者如果有联系，那就是高技术，如果没有联系，则为低技术。日本学者斋藤优（1996）将微电子技术、空间技术、光电子技术、计算机技术及软件工程等界定为高技术。

在我国，"高技术"概念首次出现于 1986 年提出的国家高技术研究发展计划（"863 计划"）。1991 年，我国科技部对高技术进行了正式认定，将微电子和电子信息技术、生命科学技术、能源科学与能源保护技术等 11 种技术界定为高技术。《中国大百科全书》将一系列新兴的尖端技术泛称为高技术。《辞海》对高技术的定义是，高技术是以最新科学成就为基础的、知识密集型的、对经济和社会发展具有重大意义的新兴技术群。这些高技术主要包括信息技术、新材料技术、新能源技术、生物技术、空间技术、海洋技术等。许继琴(2003)认为高技术是以新科技革命为基础的,能导致新兴产业出现、对经济及社会形态的转变具有重大意义的尖端技术。赵玉林(2012)从研发经费占比、研发人员占比以及技术本身的复杂程度三方面来界定高技术。

总之,高技术是个相对概念,同时,随着现代科学的不断发展,高技术也是动态发展的,其内涵和外延也是不断变化的,高技术又是一个动态的概念。另外,高技术也是一个经济学概念,是一国(地区)技术实力、竞争优势的标志,具有知识密集、技术密集、资金密集、高附加值等特点,对一国(地区)生产方式、经济结构乃至社会变革具有重要作用,高技术的使用往往能带来经济超常规甚至是跨越式发展。因此,高技术的重要性已被越来越多的国家和地区所认识。

(二)高技术产业

高技术产业是技术密集型的产业,是建立在高技术基础上的产业群。英国 Botkin 等(1982)从专业技术人员的占比和 R&D 经费占销售收入比两个方面对高技术产业进行了界定。美国劳工统计局(U. S. Bureau of Labor and Statistics)从三个方面来划分高技术产业:一是技术人员占从业人员比重要大于 5.1%,或大于各工业行业平均值的 1.5 倍;二是 R&D 经费占总经费支出的 6.2% 以上,或大于所有行业平均值的 2 倍;三是同时考虑上述两个比例。澳大利亚科学与技术部认为,能够投入大量 R&D 经费、科学技术人员在新产品研发中具有重要作用、产品具有科学或技术背景的企业为高技术企业。日本长期信用银行认为,高技术产业具有技术密集度高、资源依赖小、技术革新快、增长能力强、市场潜力大、产业波及明显等特征。经合组织(OECD)从 R&D 经费占产品销售额的比例要明显高于制造业的平均水平的角度对高技术产业进行了界定,并经历三次调整[①],2001 年,其将航天航空器制造业,医疗、精密及光学科学仪器制造业,办公、会计及计算机设备制造业,医药品制造业,无线电、电视及通信设备制造业认定为高技术产业(杨玉

---

① 1988—1995 年划分的高技术产业其 R&D 经费占制造业的比重高于 4%,1995 年以后比重提高到 8%,2001 年 OECD 以国际标准产业分类(ISIC)为基础,再重新划分高技术产业。

桢等,2015)。从中可以看出,OECD 将高技术产业测算范围确定在制造业。至此,OECD 规定的高技术五大行业分类一直沿用至今,并为许多国家所采用。

借鉴 OECD 采用的方法,我国对高技术产业的划分主要采用 R&D 投入强度指标并结合我国具体国情,大多用列举法来进行界定。我国高技术产业的界定也经历了多次调整,1986 年"863 计划"中涵盖了能源、生物、激光、航天、新材料、信息、自动化等 7 个领域的技术。1997 年,国家科学技术委员会公布了《国家高新技术产品目录》,该目录共涵盖九大领域① 58 个大类 327 个小类。1999 年,国家发展和改革委员会、科学技术部、商务部联合编制的《当前优先发展的高技术产业化重点领域指南》将高技术产业界定为信息技术、生物及医药、新材料、航空航天、先进能源、环保和综合利用以及现代交通等 10 个方面。为了使统计口径与 OECD 国家保持一致,从 2002 年起,国家发展和改革委员会、国家统计局、科学技术部调整了我国《高技术产业统计分类目录》,最终确定了我国高技术产业的范围(见表 1-1)②。鉴于研究目的、数据可获得性、可比性和一致性,本研究以 2002 年我国国家统计局统计分类目录所定义的高技术产业为研究对象。

由此可见,高技术产业是一个发展的、动态的概念,随着高技术的不断变化,高技术产业也将随之发生变化。高技术产业具有知识、技术密集性高,资金、风险密集性大,创新性高,收益性高以及与传统产业、新兴产业、基础产业等关联性高等特征,因此,高技术产业的发展越发得到各国或地区的重视。

---

① 九大领域为电子信息、生物医药技术、新材料、光机电一体化、新能源与高效节能、环境保护、航空航天、地球空间及海洋工程、核应用技术。
② 我国在公布统计数据时,扣除了核燃料加工业、信息化学品制造业和公共软件服务业。因此,应为五大类而不是八大类。

表 1-1　我国高技术产业统计分类

大类	小类	大类	小类
医药制造业	生物制品制造	医疗仪器设备及仪器仪表制造业	仪器仪表制造
	中药材及中成药加工		医疗设备及其器械制造
	化学药品制造	电子及通信设备制造业	通信设备制造
航空、航天器及设备制造业	航天器制造		广播电视设备制造
	飞机制造及修理		雷达及配套设备制造
计算机及办公设备制造业	办公设备制造		电子器件制造
			电子元件制造
	电子计算机整机制造		家用视听设备制造
	电子计算机外部设备制造		其他电子设备制造

（三）几个相关概念的关系

1.高技术产业与高新技术产业

1988 年 7 月,我国实施的"火炬计划"中将"高技术"的内涵拓展为"高新技术"。2002 年,《高技术产业统计分类目录》又将"高新技术"变回"高技术"。高新技术产业是以高新技术为基础的,而新技术在空间和时间上是相对的,随着时间推移和技术更替,原先的"新技术"可能变为"旧技术"。可见,高新技术产业的范围比高技术产业的范围要宽泛,并且在统计上与其他国家可比性较差,高技术产业与高新技术产业两者间的具体不同见表 1-2。

表 1-2　高新技术产业与高技术产业比较分析

比较内容	高新技术产业	高技术产业
划分依据	含"新"产品划分	以技术资源密集度为依据
分类特点	对象的特征不明显	技术资源密集度高
分类范围	涉及众多行业	只包含少数几个行业
可比性	无国际标准,无可比性	国际通行做法,便于国际比较

2.高技术产业与战略性新兴产业

战略性新兴产业以重大技术突破为基础,以应对经济危机、缩短经济周期的影响和培育新的经济增长点等重大发展需求为出发点,具有知识技术密集度高、资源消耗小、经济效益好等特征,对产业结构升级、经济持续增长以及国家竞争力提升等方面具有重大引领和带动作用。2012 年 7 月,国务院将新能源、节能环保、生物、新一代信息技术、新材料、高端装备制造、新能源汽车等 7 大产业作为重点发展的战略性新兴产业(王飞航,汪静,2011)。高技术产业与战略性新兴产业的相同点是均具有知识技术密集度高的特征,不同之处是两者的侧重点不同,高技术产业侧重于产业的知识密集高、技术创新高、研发投入高等,突出的是"高";而战略性新兴产业侧重于对国民经济发展的全局、长远和战略性意义,突出的是"战略"。同时,两者也具有密切联系。高技术产业在技术、人才、设备等关键要素方面为战略性新兴产业提供支撑,而战略性新兴产业可以引导和创造市场需求,为高技术产业技术的发展起重要导向作用。

二、区域与区域经济

(一)区域

区域是客观存在的地域空间,通常具有一定的面积、形状、范围或界限。《辞海》中将区域定义为土地的界划或界限范围。我国学者栾贵勤、何操(2002)认为区域可以是地球表面的任何一部分,这一部分可以是一个地区,也可以是一个国家甚至几个国家。可见,区域概念的内涵和外延是比较广泛的,是一个多侧面、多层次的概念。

此外,区域还可以按不同学科进行界定或划分。比如,地理学中的区域一般按其自然地理特征进行划分,专指地球表面的地域单元;社会学中根据语言、信仰和民族特征等来对人类聚集区的区域进行界定;行政学中主要按行政权力的覆盖范围进行划分,认为区域是国家管理的行政单元。我国学者孙久文、叶裕民(2003)从经济学角度对区域概念进行了定义,认为区域是按人类活动的空间分布规律划分的,具有均质性和集聚性,经济结构基本完整,在国民经济体系中发挥特定作用的地域单元。北京大学教授胡兆量、韩茂莉(2008)

在其著作《中国区域发展导论》中对区域的划分主要是基于经济特征和地理特征。本书的研究主要基于经济学特征,采用四大经济区域(不含港澳台)的划分(见表1-3),这样的划分是根据《中共中央国务院关于促进中部地区崛起的若干意见》《关于西部大开发若干政策措施的实施意见》以及党的十六大报告的精神,科学反映我国不同区域的社会经济发展状况而进行的最新划分,便于制定和实施更加切实有效、有针对性的区域政策。

表 1-3　我国四大经济区域划分

区域	涵盖省份
东部地区	北京、天津、上海、浙江、江苏、山东、福建、河北、广东、海南
中部地区	山西、河南、湖南、安徽、江西、湖北
西部地区	重庆、四川、贵州、云南、西藏、陕西、甘肃、青海、新疆、宁夏、内蒙古、广西
东北地区	辽宁、吉林、黑龙江

(二)区域经济

区域经济泛指一定区域内的人类经济活动,是经济区域内部社会经济活动与社会外部条件相互作用而产生的生产综合体,是一个国家经济的空间系统,其核心是经济活动过程与空间形态之间的相互关系。区域经济具有整体性、相对独立性、关联性和空间差异性。区域有大小之分,区域经济也具有层次性,同时,区域经济是介于宏观经济与微观经济之间的中观经济。作为一种综合性的经济发展的地理概念,地理因素是区域经济的基本要素。

区域经济与经济区域是两个不同的概念。经济区域是人的经济活动所造就的、围绕经济中心而客观存在的、具有特定地域构成要素并且不可无限分割的经济社会综合体,注重区域外和区域间的有关因素对经济活动造成的影响。

区域经济增长与区域经济发展也是两个不同的概念。区域经济增长通常指经济指标(地区生产总值或收入)单纯在数量方面的增长。而区域经济发展比区域经济增长的内涵要宽泛得多,经济发展不仅包含更多的产出水平,还包括经济结构、社会结构、经济关系和经济管理体制的优化等。

本研究主要以四大经济区域为研究对象,对区域中的产业发展情况及经济发展情况进行分析,并重点就高技术产业与区域经济间的互动关系进行规范和实证分析。

第四节 主要研究内容

针对研究的主旨,本书共分八章。

第一章"绪论",主要介绍本研究的研究基础,主要包括研究背景、研究价值,相关概念的界定,介绍本研究的主要内容、研究方法与技术路线,并总结研究的重点、难点及主要创新点。

第二章"文献综述与理论基础",主要对国内外有关高技术产业与区域经济间关系方面的研究做一文献梳理,介绍目前学术界研究的主要关注点并指出目前研究存在的不足等;结合本研究目的,对相关理论基础进行介绍。

第三章"我国高技术产业发展现状分析",介绍我国高技术产业的发展历程,在阐述目前我国高技术产业发展整体情况的基础上,从地区和具体产业维度做详尽解读,并指出目前我国高技术产业发展中存在的一些问题,对区域和行业发展差异做简要分析。

第四章"系统耦合下高技术产业发展机制构建",基于系统科学理论,首先具体分析高技术产业与区域经济各自系统构成要素,并构建高技术产业与区域经济复合系统。一方面,论述高技术产业对区域经济的直接和间接促进作用;另一方面,阐述区域经济中影响高技术产业发展的因素,为从实证角度测算高技术产业与区域经济互动关系奠定理论基础。

第五章"高技术产业的增长效应及影响因素",在定性分析高技术产业发展对区域经济的影响以及区域经济对高技术产业支撑作用的基础上,首先运用灰色关联理论定量分析高技术产业与区域经济间的关系。基于我国 30 个省(区、市)的面板数据,构建基于 C - D(柯布-道格拉斯)生产函数的面板模型,定量测算高技术产业对区域经济增长的贡献,利用动态面板模型实证检验影响高技术产业发展的因素。

第六章"静态耦合下高技术产业的发展分析",依据高技术产业和区域经济的各自特征,构建能够反映两个系统发展水平的评价指标体系,借用"容量耦合"概念和协调发展度模型,对中国整体层面及四大经济区域的协调发展度进行实证检验,并指出协调发展关系的空间差异。

第七章"动态耦合下高技术产业的发展分析",基于已构建的高技术产业与区域经济系统评价指标,采用2002—2013年相关数据,运用变异系数赋权法来确定指标的权重,利用动态模型,对中国整体层面及四大经济区域的动态互动关系进行实证检验,并从演进视角揭示高技术产业与区域经济互动关系的差异及演变趋势。

第八章"高技术产业发展的政策建议",对研究的内容做总结,指出本研究的不足及未来研究方向,从与区域经济发展相协调视角提出促进高技术产业发展的对策与建议。

第五节　研究方法与技术路线

一、研究方法

本研究综合运用政治经济学、产业经济学、计量经济学、系统学、区域经济学、管理学等相关学科理论,采用文献分析法、定性分析法、定量分析法、系统分析法、比较分析法等多种研究方法。

文献分析法,梳理现有国内外相关领域文献并进行评述,对相关概念及研究范围进行界定,总结我国高技术产业发展的历程、发展政策及发展成果,为研究的顺利开展奠定基础。

系统分析法,运用系统科学、区域经济学、产业经济学、管理学相关理论,一方面将高技术产业与区域经济看作两个相对独立的系统,对系统构成要素进行分析,另一方面将两个独立的系统看作一个复合系统,并对复合系统的作用机制进行解析。

定性分析法,主要就高技术产业对区域经济的促进作用以及区域经济影响高技术产业发展的因素等进行定性分析,构建两者相互作用的机制。

定量分析法,利用灰色关联度模型实证检验高技术产业与区域经济的关系,基于C-D生产函数和动态面板模型等计量模型,对高技术产业与区域经济间的相互作用进行定量分析。同时,运用协调发展度模型实证检验高技术产业与区域经济间的协调发展情况,并借助动态耦合模型,从动态视角对两者间的互动关系以及发展态势进行分析。

比较分析法,本书一方面对高技术产业发展的区域和行业情况进行了对比分析,另一方面又从时间(2002—2013年)和空间(全国层面及四大经济区域)两个维度对比分析了高技术产业与区域经济间的灰色关联度、协调发展度和动态互动关系。

二、技术路线

结合我国当下经济发展情况和面临的发展任务和困难,在评述相关文献的基础上,系统梳理中国高技术产业发展现状及区域和行业差异,借用系统理论,构建"高技术产业—区域经济"复合机制,论述高技术产业与区域经济间相互影响的情况,详细分析两者间的相互作用机制,并从时间和空间维度定性分析两者互动关系水平及动态演变,基于研究结论提出合理、可操作、有针对性的产业发展政策建议。本书具体技术路线如图1-1所示。

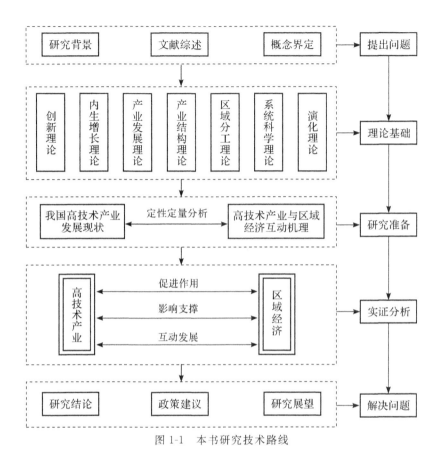

图 1-1 本书研究技术路线

第六节 研究重点、难点及主要创新点

一、研究重点

我国高技术产业发展现状及高技术产业、区域经济系统综合发展水平的评价指标体系构建是研究的重点,建立科学、全面、客观的评价指标体系关系到分析结果的科学性,是研究的起点和基础。

二、研究难点

一是高技术产业与区域经济系统相互作用机制分析,以及两者间相互作用的影响因素分析；二是面板数据跨度较大，给协调发展度和互动关系等实证分析带来一定难度。

三、主要创新点

本研究的创新点主要体现在以下几方面。

1. 全面总结我国高技术产业发展现状。从全国层面进行分析时，选取产业规模、产出效益、创新能力、发展潜力、社会效益五大方面 32 个具体指标详细论述；进行区域和行业分析时，围绕总产值、主营业务收入、利润、利税、出口交货值、R&D 经费内部支出等方面展开，充实了现有研究内容。同时，运用变异系数法对高技术产业发展的地区差异和行业差异进行了简要测算，结果显示，地区差异更加明显。

2. 构建高技术产业与区域经济相互关系作用机制。本研究综合运用政治经济学、产业经济学、区域经济学、新经济增长理论、系统科学和演化科学等理论方法，深入探讨高技术产业与区域经济间的互动关系，构建了高技术产业与区域经济之间的相互作用机制，为探讨两者间的相互关系奠定了理论基础。

3. 与现有研究大多选用时间序列数据不同，本研究运用面板数据实证分析高技术产业与区域经济间的相互作用。在运用灰色关联度模型实证分析高技术产业与区域经济相关性后，基于 C-D 生产函数，利用面板数据实证检验全国层面及四大经济区域（东部、中部、西部和东北）高技术产业对区域经济增长的贡献；同时，通过构建动态面板模型，实证检验了各区域中高技术产业发展的影响因素，并对比分析了区域间的差异。

4. 使用协调发展度模型测度高技术产业与区域经济协调发展情况。从高技术产业与区域经济复合关系的视角出发，在构建高技术产业与区域经济评价指标体系的基础上，运用极差标准化方法对指标数据进行处理，并用变异系数法对指标权重进行赋值，加权后分别得到两个系统的综合发展情况，进而用协调发展度模型实证分析了全国层面及东部、中部、西部和东北地区四大经济区域 2002—2013 年高技术产业与区域经济协调发展情况，并进行对比分析。

5. 借助动态耦合模型实证分析高技术产业与区域经济间互动关系。基于已构建的评价指标体系、处理方法和计算得到的高技术产业与区域经济综合发展指数,借鉴物理学中"耦合"的思想和动态耦合模型,从系统的、动态的、演化的角度深入探讨全国层面及四大经济区域 2002—2013 年高技术产业与区域经济间的互动关系,并对 2014—2025 年的互动关系演变态势进行了预测,拓宽了现有理论研究两者关系的视角。

第二章 文献综述与理论基础

第一节 国内外文献综述

高技术产业作为当今世界影响最为广泛和深刻的产业,在促进产业结构升级、完善经济结构优化、提升区域创新能力等方面具有重要作用,已引起各国理论界的重视,相关的学术研究成果也比较丰富。本研究紧紧围绕高技术产业与区域经济间相互关系这一主题,对相关研究成果进行梳理和分析。

一、国内方面

(一)高技术产业对区域经济的促进作用

高技术产业对区域经济的促进作用有直接的,也有间接的,直接方面体现在区域 GDP 的增长方面,间接方面主要表现在高技术产业对传统产业的改造、对产业结构的调整、对经济发展方式的转变以及区域竞争力的提升等方面的作用。

对经济增长的直接拉动。赵玉林、魏芳(2006)采用灰色关联分析方法,从我国高技术产业总体、各部门以及各地区三个层面,实证分析了高技术产业对区域经济增长的带动作用,研究结果表明,我国高技术产业发展对经济增长的带动作用非常明显,应从实现我国经济持续、稳定、健康发展的战略高度大力发展高技术产业;苏娜、陈士俊(2010)借鉴索洛的残值模型和 C-D 生产函数,以 1995—2005 年统计数据为基础,就我国 28 个省(区、市)的高技术产业对经济的贡献率进行测算,结果表明各地区高技术产业对经济增长的贡献率存在明显的区域差异;梁利(2007)也采用 C-D 生产函数的方法测算高新技术产业对我国经济增长的贡献率,由于其将高新技术产业的资本和劳动从总量中分离出来作为独立的变量,所得结论略有不同,回归结果表明,相比劳动投入的产出弹性,资本投入的产出弹性要小得多,而科技投入的产出弹性更小;梁丽丽(2009)借助菲德模型(Feder Model),将高技术产业对区域经济增长的作用分解为直接作用和间接作用,并以1995—2006年数据为样本进行实证测度,结果表明,高技术产业对区域经济增长的直接作用比较明显,而间接作用比较弱;蒋伏心、苏文锦(2013)采用空间计量模型,以长三角16市2009年数据为基础,实证分析了高技术产业同构对区域经济增长的影响作用,结论显示,产业同构的加强、产业结构差异度的减小以及大量高技术产业资本的投入对促进区域经济增长具有显著作用;赵健(2014)利用我国2002—2011年数据,实证测度了高技术产业对经济增长的贡献率和拉动率。

对传统产业和产业结构调整的作用。邵一华、吴敏(2000)论述了我国高技术产业对传统产业的作用动力机制,并利用广义KSIM模型对我国高技术产业各行业对传统产业的作用进行实证分析,研究表明,高技术产业对经济增长具有重要意义;林善炜(2003)从主导产业更替的视角,认为高技术产业向主导产业的不断演变将促使主导产业出现更替,进而推动产业结构不断升级;赵玉林、汪芳(2007)以江苏、浙江、湖北三省2002年投入产出表为基础,运用影响力系数模型和感应度系数模型,实证分析了高技术产业对传统产业的波及效应,结果表明,高技术产业整体对国民经济推动作用较大;李邃(2010)在论述高技术产业技术创新对产业结构优化升级的作用机制基础上,运用协整理论进行了实证分析,结果表明,高技术产业各行业的创新能力均有助于产业结构优化升级;杨丽华(2013)采用面板数据变系数模型和分位数回归模型,在分析产业集聚对出口贸易影响机制的基础上,以长三角地区产业集聚为例,全面分析了高技术产业集聚对出口贸易的贡献,结论表明,高技术产业集聚具有规模经济效应。

对区域经济发展方式转变的影响。柴盈(2011)以深圳近30年经济增长方式转变为研究对象,运用比较分析、历史分析以及计量分析等方法,认为深圳经济增长方式的转变主要取决于以自主创新为主的高技术产业的发展;关欣等(2013)通过建立向量自回归(VAR)模型,使用脉冲响应和方差分解的方法,实证分析了我国1995—2010年高技术产业在推动经济发展方式转变方面的作用,结果表明,从长期看,高技术产业作为先导产业将会促进需求结构的调整,推动我国经济发展方式向"消费驱动""内需主导"转变。

对提升区域竞争力的作用。左莉、武春友(2009)基于二次孵化的相关理论,将科技孵化从企业上升到产业层面,认为高技术产业在健全产权机制、完善金融市场、优化土地资源配置、高素质人才培养与流动以及促进技术转移等方面有利于区域竞争力的提升;徐光瑞(2010)在利用Ellison和Glaeser构造的衡量产业集聚度指数的基础上,实证分析了高技术产业集聚对区域产业竞争力的影响;徐传谌、周渤(2014)结合核心竞争力概念和钻石模型两个理论的内涵,从高技术产业规模、生产效率和创新能力三个方面,运用层次分析法论述了我国高技术产业发展对我国总体竞争力的影响,结果表明,我国高技术产业的发展对我国本竞争力虽有明显的提升作用,但是同发达国家相比仍有很大差距。

(二)区域经济影响高技术产业发展

1.对高技术产业发展的直接影响

史丹、李晓斌(2004)通过问卷的方法对一些不能获得统计数据的因素进行调查,结果显示,制度因素、技术因素、经济因素、市场因素以及政策因素对高技术产业发展影响较大,同时,运用统计数据详细分析了经济发展水平、科技投入、企业制度与企业规模等对高技术产业发展的影响。祝福云等(2006)在具体分析高技术产业发展水平影响机理的基础上,采用线性回归和相关分析方法,利用跨国数据实证检验结果表明,R&D投入规模和来源结构与高技术产业发展水平呈现显著的正相关关系。同时,良好的社会经济、文化、教育背景以及融资环境等因素均能促进高技术产业的发展。孙晓娟、李玉婵(2013)以甘肃省为例,在构建高技术产业发展影响因素评价指标体系的基础上,采用加权关联度的改进灰色关联分析模型定量分析了高技术产业的影响因素,认为政府应对高技术产业创新进行引导和扶持,为高技术产业发展提供良好的政策环境。同时认为应扩大投资规模,为高技术产业发展提供强有力的资金支撑,还应注重创新的社会化服务体系建设。张鹏等(2015)采用空间常系数与空间变系数的模型,以我国31个省(区、市)2005—2011年的面板数据为样本,分全国及省域两个层面探讨了高技术产业发展的影响因素,结果表明,资本投入、人力资本投入、研发强度、区域开放度、区域要素禀赋结构以及区域自然资源禀赋均能影响高技术产业发展。李向东等(2015)运用超越对数随机前沿模型,以 2003—2012 年中国 30 个省(区、市)和 17 个行业的面板数据为基础,实证研究发现,外商直接投资(FDI)、国际贸易出口对高技术产业发展有显著的正向作用,而金融机构支持、政府资助以及产业规模的正向作用不显著,所有者因素却对高技术产业发展有显著负作用。吕承超、张学民(2015)基于面板数据计量模型,以中国 31 个省(区、市)2001—2012 年数据为研究样本,通过系统 GMM 估计发现,从业人员年平均人数、教育经费、产业投资额和循环累计效应对高技术产业产值增长具有显著的正向作用,而研发费用对于产业发展起到了较弱的负面作用。

2.对高技术产业集聚的影响

周明、李宗植(2011)首先构建综合考虑研发经费和知识存量的知识生产函数,从产业集聚视角出发,将高技术产业集聚下知识溢出因素和政府支持力度引入该知识生产函数,选取 1998—2006 年中国高技术产业相关数据,利用空间面板模型对高技术产业区域创新能力进行了实证分析,研究结果表明,产业集聚因素和知识溢出对区域高技术产业的创新产出影响显著。韩峰(2011)基于新经济地理学视角,选取我国 1997—2009 年高技术产业相关数据,实证分析了我国东中西三大区域高技术产业集聚影响因素,结果表明,劳动力供给、固定资产投资、市场规模、交通运输和信息化等对东部地区高技术产业集聚影响显著,劳动力供给对中部地区高技术产业集聚影响最为显著,技术溢出、FDI、信息化、固定资产投资、交通运输及人才溢出有正向作用但不显著,劳动力供给、技术溢出、交通运输、对外开放、利用外资、固定资产投资和信息化程度等显著影响西部地区的高技术产业集聚。李霞(2012)以内生增长模型为基础,构建了基于知识的生产函数,以北京市为例,选取 2000—2009 年数据,实证分析得出,研发资本存量、智力资源集聚、知识溢出环境三个因素对北京市高技术产业集聚具有正向的促进作用,而政府参与和支持与高技术产业集聚却呈现出负相关关系。金春雨、王伟强(2015)通过构建空间面板模型,选取1999—2011 年我国 31 个省(区、市)高技术产业相关数据,实证检验发现,人力资本、规模经济、运输成本及基础设施对高技术产业集聚发展具有显著的正向影响，而知识溢出、市场规模和FDI的影响系数却显著为负。

3.对高技术产业竞争力的影响分析

沙文兵、孙君(2011)以我国高技术产业17个细分行业1995—2008年的面板数据为研究对象，实证研究了FDI知识溢出对我国高技术产业创新能力的影响。潘菁、张家榕(2012)以中国高技术产业13个行业为研究对象，选取1998—2009年相关面板数据进行实证研究发现，跨国公司R&D投资的竞争效应和人才流动效应对中国高技术产业创新能力影响的溢出效应较为显著。李宝霞(2012)将知识流动按方式划分为科技合作、外商直接投资、技术转移、人员流动四个维度，在分析其对高技术产业技术创新能力的影响机理的基础上，以我国高技术产业的14个行业2000—2008年数据为样本，实证分析了知识流动对高技术产业技术创新能力的影响。赵志耘、杨朝峰(2013)以2005—2010年数据为基础，应用随机前沿知识生产函数模型，对我国高技术产业创新能力的影响因素进行了实证分析，结论表明，国内技术引进对我国高技术产业R&D产出起到了促进作用，而国外技术引进、知识存量等对我国高技术产业创新的作用并不明显，甚至企业规模对创新能力有负面的影响。胡红安、刘丽娟(2014)将影响高技术产业竞争力的因素分为显性因素(技术创新竞争力、产业集群竞争力)和分析性因素(经济发展竞争力、经济效益竞争力)两类，提取了12个可量化的代表性因素，运用灰色关联分析方法，实证结果表明:专利申请数、国家级开发区工业增加值、新产品销售收入对提升高技术产业竞争力影响最大，新产品研发支出有较大影响，其余因素影响较小。

4.对高技术产业自主创新能力的影响

牛泽东等(2011)基于Griliches-Jaffe知识生产函数，选取我国高新技术产业1998—2006年面板数据，采用GMM方法具体分析了区域FDI的技术溢出效应对高技术产业技术创新能力的影响，实证结果表明，外资企业研发活动对产业创新能力有正的溢出效应，但存在"发展门槛"。吴金光、胡小梅(2013)以我国29个省份1997—2010年面板数据为基础，实证检验了政府财政支持对区域高技术产业自主创新能力的影响，结果表明，财政支持有利于促进专利成果的产出，而对科研成果转化效果不明显。华巍(2014)以我国30个省份

2002—2011 年面板数据为基础,使用固定效应模型,实证检验了 R&D 投入、政府采购、FDI 和金融支持四个主要因素对高技术产业自主创新能力的影响,并对东中西部地区的情况进行了对比分析。马卫红(2015)利用我国 1996—2012 年高技术产业数据,在控制行业与企业规模的情况下,实证分析了外资研发、区域制度环境对高技术产业自主创新能力的影响,结果表明,R&D 投入的作用比较小,而产权制度与自主创新能力正相关。

5.对高技术产业创新效率的影响

桂黄宝(2014)在测度 1999—2009 年我国高技术产业创新效率变动的基础上,通过构建创新效率影响因素的空间计量模型,研究发现,企业规模和劳动力对高技术产业创新效率具有显著的正向作用,对外开放水平作用次之,工业化进程、政府支持程度以及当地科技水平影响作用不显著,而资本投入具有负向作用但不显著。余泳泽(2009)将高技术产业的技术创新过程分为技术开发和技术成果转化两个阶段,并将两阶段效率相乘作为对技术创新效率的整体衡量,通过建立 Tobit 回归模型,实证分析表明政府政策支持、市场化程度、企业规模以及企业自身的经营绩效对各地区高技术产业技术创新效率均有正的影响。

此外,还有学者关注了区域经济对高技术产业化的影响(吴伟,陈功玉,2000),劳动力投入、FDI 溢出效应等对我国高技术产业国际分工地位的影响(杨高举,黄先海,2013),区域经济中金融支持等因素对高技术产品出口的影响(钱水土,郭瑛颖,2012),等等。

(三)高技术产业与区域经济相互关系

1.理论分析方面

覃成林(2000)对高新技术产业与区域经济间的相互作用机制进行了论述,认为高新技术产业是提升区域经济的重要力量,对区域资源配置方式、提升区域产业结构以及强化区域制度创新等方面具有重要作用。同时,区域经济基础、知识资源禀赋等也是发展高技术产业的重要依托。王宏强(2008)围绕高新技术产业与区域经济发展的相互关系进行了深入分析,运用区域经济发展理论以及产业集聚理论,借鉴美国、日本等国家发展高技术产业的模式,重点论述了我国宜昌地区两者间的互动关系。李立委(2011)阐释了高技术产业发展与技术进步互推效应的机理,并将互推效应具体分为无时滞和有时滞两种。

2.实证研究方面

孟伟(2008)对高技术产业与区域经济增长间的关系运用格兰杰因果关系进行了实证检验,结果表明,1978年前国内生产总值的增长是高新技术产业发展的单向原因,而改革开放后高新技术产业成为推动经济发展的主要原因。苏娜(2011)基于系统科学视角,运用系统分析理论与方法,在构建"高技术产业—区域经济"复合系统及协调发展评价指标体系基础上,运用层次分析法(AHP)和灰色关联度的模糊综合评判方法,对全国层面及我国八大经济区两系统协调发展情况进行了实证研究,根据协调度计算结果,总体上我国八大经济区可大体分为三个梯度,该研究还提出了区域发展高技术产业的政策建议。陈新国等(2011)采用1995—2008年相关数据,运用协整理论和方法,具体从高技术产业工业增加值、科技投入(新产品开发支出与R&D经费支出的和)及工业总产值增长速度三个方面研究了高技术产业与经济增长间的关系。结果表明,我国高技术产业与经济增长正相关,两者存在长期稳定的均衡关系,且这种均衡关系对当期非均衡误差的自身修正能力较强,说明我国高技术产业对经济增长有很强的拉动作用。洪嵩等(2014)基于协同学视角,运用共同演化的理论,在构建高技术产业系统与区域经济系统共同演化程度的评价指标体系和模型基础上,对我国30个省(区、市)的两系统演化现状进行了实证分析,研究发现,总体上我国高技术产业与区域经济两系统共同演化水平较低,并且不同地区呈现明显的四梯度分布,同时,就演化趋势而言,不同地区呈现持续提升和往复波动并存的特点。蔺爽(2014)借用技术生态位理论对高技术产业发展水平进行了评价,采用2002—2011年统计数据,通过对甘肃省14个市(州)的GDP与高技术产业技术生态位宽度值和技术生态位深度值三个变量建立面板数据模型,对高技术产业发展水平与经济增长间的关系进行了实证检验,结果表明,高技术产业发展对提升地区经济增长具有很大贡献,但不同地区贡献程度有所差异。

二、国外方面

国外高技术产业发展较早,相应的研究起步也较早,研究视角和内容也比较丰富。

(一)高技术产业对区域经济的作用

1.高技术产业重要性的分析

Ellis 和 Kevin(2007)重点研究分析了澳大利亚高技术资本的使用对产业发展的影响,研究认为高技术资本对高技术产业中不同细分产业的作用并不相同,这表明高技术资本对澳大利亚经济的影响是不均衡的;韩国学者 Choi(2003)认为高技术产业已成为当今主要经济体经济增长的重要引擎;Raab 和 Kotamraju(2006)运用 DEA 方法以美国 50 个州为例,重点研究了高技术产业投入与产出间的关系,研究发现对大多数州来说高技术产业对经济绩效具有贡献作用;Simonen 等(2015)使用芬兰 1994—2008 年数据,实证分析发现,高技术产业对促进芬兰经济增长起到显著作用,是芬兰经济能够从 20 世纪 90 年代深度衰退中得以恢复的重要因素。

2.竞争力视角

Magas(1992)以美、日、德等发达国家为研究对象,利用 VAR 模型和古诺—纳什竞争模型,实证检验发现,高技术产业 R&D 行为、工资水平、相对价格指数以及实际汇率对提升高技术产品出口竞争力具有显著的正向影响;Greenhalgh(1996)以英国高技术产业为研究对象,实证分析表明,高技术产业的技术创新活动能够提升区域产业竞争力;Chursin 和 Makarov(2015)针对由高技术产业和其他产业共同构成的复杂经济关系系统进行了论述,并表明,在竞争力的构成要素中,高技术产业代表的竞争力将会影响到整个竞争力系统的状况。

3.技术创新视角

Griffth 等(2004)围绕 R&D 能否增强企业技术转移能力,以 OECD 13 个成员 1970—2000 年高技术产业面板数据为研究样本,研究表明,企业 R&D 投入能提高企业的技术消化能力,并对企业持续创新有重要作用;Raab 和 Kotamraju(2006)运用 DEA 模型,从区域差异的视角出发,以美国 50 个州

2002 年数据为基础,对高技术产业技术效率进行评价,研究发现高技术产业的技术创新活动是区域经济持续发展的重要动力;D'Angelo(2010)以意大利689 家高技术中小企业为研究对象,实证分析发现,技术创新对企业出口绩效的增长具有促进作用。

4. 生产率视角

Higon(2007)以英国 1970—1997 年高技术产业面板数据为例,实证研究表明高技术产业内 R&D 和产业间 R&D 投入对于生产率的提高有显著影响,而国外 R&D 投入影响不显著;Sterlacchini 和 Venturini(2014)以意大利和西班牙 R&D 投入为研究对象,以 12 个高技术产业 1980—2006 年数据为基础,实证研究发现,R&D 投入均显著提高了两国的生产率,并进而促进了区域经济的发展,但在西班牙的作用比意大利更加明显。

5. 促进就业视角

Burgan(1985)分析了美国 1972—1984 年高技术产业就业情况,研究表明,高技术产业就业增长率较其他非农产业要高,同时,在经济衰退期间,其就业率下降相比制造业也要缓和,因此,高技术产业对一国经济发展具有重要意义;Jenkins 等(2006)围绕美国 1988—1998 年大城市地区高技术产业政策与就业间的关系进行分析,研究发现,高技术产业政策通过促进高技术产业集聚的发展而带动就业的显著增长。

此外,Hauknes 和 Knell 等(2009)以法国、德国、瑞典和美国为研究对象,采用投入产出方法分析高技术产业对低技术产业的知识溢出效应,认为知识溢出效应的存在对各产业产出增长具有重要意义。

(二)区域经济影响高技术产业发展

1. R&D 投入视角

Ekholm 和 Torstensson(1997)使用一般均衡模型,实证分析了 R&D 投入和生产性补贴对高技术产业产出增长方向的影响程度,研究表明,高技术产业中 R&D 投入和生产性补贴对产出增长的效果具有不确定性,并且两者在长期和短期的效应也不尽相同,因此,政府应将有限的财政资源在生产补贴和R&D 活动间合理分配,适当引导其他产业的资源流向高技术产业;Mamuneas(1999)以美国 6 个高技术制造业为例,采用动态生产模型测量了公共 R&D 经费的短期运行与成本结构之间的关系,结果表明,在给定产业产出的情况下,公共资助 R&D 资本可以降低高技术产业的可变成本;Thornhill（2006）通过对加拿大 845 家高新技术企业的调查数据实证分析表明,R&D 投入、企业的知识存量以及员工的技术熟练度等因素都有利于提升高新技术企业的绩效;Hall 等(2009)利用意大利 1995—2003 年高新技术中小企业数据,实证分析了 R&D 支出等因素与企业绩效的关系,结果表明,R&D 支出通过促进高新技术企业的生产创新和产品过程创新而提升了企业绩效,同时,企业规模和其面临的外部国际竞争因素能够提高企业 R&D 强度,使企业绩效持续增长;Nunes 等（2012）研究认为,R&D 强度与高技术企业绩效之间存在着非线性关系,而不是简单的线性关系,即在高技术企业的 R&D 强度较低时,R&D 强度限制了高技术企业产出增长,而在高技术企业的 R&D 强度较高时,R&D 强度却能促进高技术企业产出增长。

2. 政策影响视角

Frenkel 等(2003)对爱尔兰和以色列两国不同的产业政策进行了对比分析,结论显示,两国产业政策对高技术产业的发展及其创新能力的提升均有很大的促进作用;Audretsch 和 Lehmann(2004)对德国银行贷款和风险资本对高技术产业发展的影响进行研究,结果发现,风险资本和银行贷款都能对高技术产业的增长起到促进作用,但风险资本的作用更加显著;Czarnitzki 和 Hussinger(2004)以德国 3799 家企业为研究样本,分析公共研发补贴对研发活动和产出的影响,实证研究结果表明,公共研发对私人研发具有替代作用,而公共研发补贴总体上促进了研发产出的增长;Kang 和 Park(2011)认为政府的直接投资、税收优惠等政策有助于高技术产业创新效率的提升。

3. 人力资本视角

Charles(1995)借助内生增长模型,研究发现短期内产出增长取决于研发投入,而长期内人口增长率等才是产出增长率的决定因素;Bucci（2002）在考虑市场因素的基础上,研究了基于人力资本积累增长模型中非完全竞争等因素对产出变动的影响,实证结果表明,非完全竞争因素的影响使得人力资本在不同部门和活动之间进行分配,进而对产出具有正向促进作用。

4.技术外溢视角

Caves(1974)通过对加拿大和澳大利亚的对比分析,表明外商直接投资(foreign direct investment,FDI)能够加速新技术向国内企业的转移,促进国内企业技术效率的提升;Girma(2007)以英国电子产业为例,在考虑外资溢出效应的地域限制的基础上,研究发现,FDI对内资企业的溢出效应存在地理上的局域性,在一定区域内,外资的行业间和行业内溢出效应十分显著,而在该区域外,内资企业生产率的提升和FDI的关系基本上是不存在的;Harris和Robinson(2004)以英国1990—1998年高技术制造业部门的数据为研究对象,考察了FDI对制造业行业全要素生产率的影响,认为外资带来的竞争效应大于潜在的收益。

此外,Seyoum(2004)借助波特的钻石模型,运用多重回归统计方法,实证分析发现,一国的国内市场需求、外来投资、要素条件、国内竞争等因素对一国高技术产业出口绩效具有显著的促进作用;Czarnitzki和Thorwarth(2012)基于拓展的柯布—道格拉斯生产函数,以OECD国家2002—2007年数据为基础,实证发现政府政策、市场需求、区域技术水平以及基础设施条件对高技术产业发展具有重要影响。

(三)高技术产业与区域经济互动关系

Lind(1990)以美国明尼苏达地区为例,详细论述了高技术产业与区域经济增长间的相互作用,并指出,大学在促进高技术产业与区域经济相互关系中的作用不可低估;Sánchez(1992)研究了西班牙地区高技术企业与区域创新间的互动关系,认为区域创新能力是高技术企业得以快速发展的重要支撑,而高技术企业的集群发展又能带动区域创新能力的提升;Karunaratne(1998)对澳大利亚高技术产业贸易出口与经济增长间的关系进行了研究,通过VAR模型实证分析发现,高技术产业贸易加快了澳大利亚经济调整结构的步伐,促进了整体宏观经济规模的发展;Benko(2000)从宏观经济水平和产业组织转型视角出发,认为高技术在促进产业本地化以及区域发展方面具有重要作用,同时,区域经济水平和产业政策是高技术工业化和技术转移的基础;Hemais等(2005)以巴西国家专利数据库为基础,对聚合物工业的市场技术竞争优势进行分析,研究认为,高技术产业中聚合物工业的技术竞争优势依赖于技术创新能力,而技术创新能力的 R&D 投入离不开市场份额;Bauer 等(2012)从制度分析视角,以德国国家创新系统的建设为例详细论述了高技术产业与区域经济间的相互影响关系;Koshovets 等(2015)以俄罗斯高技术产业中的国防工业为例,研究指出了在新一轮经济危机中,高技术企业的技术开发能力是保持国防工业出口订单的重要保障,同时,从长远来看,出口订单以及国内市场的开发有利于俄罗斯生产能力的提升。

三、简要评述

通过上面的文献综述可以看出,国外高技术产业发展较早,其理论研究也比国内起步早。近年来,伴随我国政府对高技术产业发展的重视以及高技术产业的快速发展,国内学者在理论研究方面也取得了诸多研究成果。毫无疑问,国内外的丰硕成果在理论上为我们奠定了坚实的研究基础,同时在实证分析方面也为我们提供了有效的研究方法,这些对本研究的研究思路具有很大的指导和启示意义。但我们也清楚地看到,目前国内外有关高技术产业的研究还存在一些不足之处,概括起来有以下几点。

第一,研究内容方面,注重单方面影响居多,即关注高技术产业对区域经济的促进作用,如高技术产业对区域经济发展的直接贡献,或者通过提升区域竞争力、提高生产率水平、促进就业和转变发展方式等间接促进经济发展。在关于区域经济影响高技术产业发展方面,注重 R&D 投入、产业政策等,同时,国内研究在这方面有所细化,不仅关注对整个高技术产业发展的影响,更关注了对高技术产业集聚、技术创新等方面的影响。但对高技术产业与区域经济间互动关系的研究还不多见,亟须在研究内容方面进行丰富和拓展。

第二,研究视角方面,从微观视角研究高技术产业发展的居多,如企业 R&D 对创新能力和绩效的影响,人力资本、知识和技术外溢对高技术产业发展的影响等。从中观视角进行的研究主要有高技术产业对经济增长的贡献测度、对区域经济的带动作用以及对传统产业的影响等,很少有学者从复合系统的视角出发审视两者的互动关系,很少将高技术产业与区域经济看作密不可分的一个整体进行分析,缺乏从协同学、系统学和演化视角进行的研究。

第三,研究方法方面,除了定性分析外,近年来实证研究越来越多,大多使用计量经济学中的实证模型进行研究,由于研究视角所限,研究方法略显单一。

结合目前国内外众多文献研究成果以及上述文献存在的问题,本研究试图从系统论视角出发,阐释高技术产业与区域经济互动关系的机制,同时,借用物理学中"耦合"的概念,对高技术产业与区域经济两系统互动关系进行实证分析,并对互动关系的动态演变做进一步研究,以期能在高技术产业与区域经济间关系的研究方面有所拓展。

第二节　理论基础

一、内生经济增长理论

依据新古典经济学理论,技术给定条件下,资本积累和劳动力供给是一国或地区长期经济增长的主要动力,即要素投入是长期增长的关键因素。如果要素约束条件变得更加严厉的话,经济增长就需要内生动力。2014 年 12 月,中央经济工作会议明确指出,"要素的规模驱动力减弱,经济增长将更多依靠人力资本质量和技术进步,必须让创新成为驱动发展新引擎"。这符合"内生经济增长"理论。

内生经济增长理论源于 20 世纪 80 年代后期高科技革命尤其是信息技术的快速发展,这使得经济增长方式、经济结构和经济运行规律发生了很大变化,主要代表人物是保罗·罗默(Paul M. Romer)和罗伯特·卢卡斯(Robert E. Lucas)。与传统的古典经济增长理论和新古典经济增长理论不同,内生经济增长理论改变了经济增长的要素结构,增加了人力资本和技术水平两个生产要素,认为知识创新是内生的,技术变革部分地取决于政府和企业的行为,内生的技术进步是保证经济持续增长的决定因素,其生产函数形式为:

$$Y = F(K, L, H, T)$$

其中，Y 代表总产出，K、L 和 H 分别指物质资本、劳动力和人力资本的存量，T 表示技术水平。

内生经济增长理论主要内容包括：(1)"干中学"理论。阿罗(1962)在《边干边学的经济含义》一文中提出了"干中学"(learning by doing)模型，认为技术进步来自不断学习、知识积累和经验总结，这些因素对技术进步的正向影响被称为"干中学"或者边投资边学，而且会通过知识扩散进行传递，这样就有可能克服资本投资边际收益递减的问题，实现规模经济和报酬递增。(2)人力资本理论。20 世纪 60 年代，美国经济学家舒尔茨和贝克尔创立了人力资本理论。80 年代，罗默、卢卡斯等人借鉴人力资本的概念创立了人力资本投资理论，并将其引入经济增长模型中，认为人力资本的正外部性会提高社会生产率，是经济"内生性"增长的动力(高山，2009)。(3)罗默的技术进步内生化模型。以索洛(Robert Merton Solow)为代表的新古典经济增长理论认为经济总体的增长贡献被设定为由劳动、资本和技术进步三者组成，并且认为技术进步是外生的，同时，将不能归因于资本和劳动力投入量解释的产出称为"索洛剩余"。罗默(1986)在其《递增报酬与长期增长》一文中修改了"干中学"模型，将技术进步内生化，认为技术整体的增长如果同投入的人力、物力成正比，则可以大大提高投资的效益。同时，罗默将知识也作为生产函数中的一种投入，认为生产和投资也能够通过增进专业化知识的积累来促进经济增长。

二、产业结构理论

产业结构理论最早可追溯到 17 世纪。威廉·配第(William Petty)在其 1672 年出版的《政治算术》中指出了不同产业之间的收入差距将推动劳动力向收入更高的部门进行转移，首次揭示了产业结构演变的规律。进入 20 世纪三四十年代，产业结构理论逐渐发展成熟，比如新西兰经济学家费舍尔(A. G. Fisher)提出了关于三次产业的划分方法，英国经济学家克拉克(Colin G. Clark)揭示了人均国民收入水平与产业结构变动的内在关联。而里昂惕夫、库兹涅茨、霍夫曼、罗斯托则重点分析了经济增长中的产业结构问题，认为产业结构的变化对经济增长具有重大的影响。经济增长的结构主义认为资本和劳动从生产率较低的部门向生产力较高的部门转移能够加速经济增长。80年代以来,以信息技术为核心的高技术的快速发展,对传统产业结构理论演进提出了新的挑战,学术界提出了立体产业分类理论,并将自然资源产业、环境产业和高技术产业(包含信息产业)称之为新兴的产业部门。总体上,产业结构将逐渐由劳动密集型产业向资本密集型产业和知识密集型产业演变,产业结构将呈现高加工度和高附加值化趋势,同时,新兴产业将会不断取代传统产业并逐渐成为主导产业,实现产业结构由低级逐步向高级演进的目标。

三、产业发展理论

产业发展理论的研究对象是产业发展过程中的发展规律、发展周期、发展模式、发展政策、资源配置、影响因素、产业转移等问题。任何一个产业由诞生、成长、成熟、衰退到淘汰与外部条件和环境的关系密不可分,同时,一个产业的发展也离不开政府产业政策的支持,尊重产业发展规律,在产业发展不同阶段制定有针对性、切实可行的产业政策对产业健康发展至关重要。高技术产业发展的基础是技术的不断创新与生产率的不断提高,这离不开政府的研发政策、知识产权保护政策等,而如何处理高技术产业与非高技术产业的关系、发挥高技术产业对传统产业的带动作用、持续提升高技术产业的创新能力和竞争力,则同样需要政府制定相应的产业政策。总之,产业发展过程将受到产业动力机制、供求机制、内在机制、外在机制、决策机制和创新机制等诸多因素的影响,是一个复杂的过程。因此,借鉴现有产业发展理论,深入认识高技术产业发展规律,才能更好地促进高技术产业的持续快速发展,发挥对整个国民经济的支撑和带动作用。

四、区域分工理论

如资源及生产要素不能完全自由流动,那么各区域将遵循经济效益最大化及比较利益的原则来选择和发展具有相对优势的产业,这就是区域分工。作为区域经济学的核心问题,区域分工一直受到学术界的广泛关注。目前,对区域分工进行解释的有成本优势理论、要素禀赋理论和新贸易理论。

（一）成本优势理论

成本优势理论又可分为亚当·斯密（Adam Smith）的绝对成本学说和大卫·李嘉图（David Ricardo）的比较成本学说。亚当·斯密在其经典著作《国富论》中就提出了绝对成本学说。他认为各国应根据自身绝对有利的生产条件去进行专业化生产，并在自由贸易条件下将成本最低的产品用于交换其他产品。亚当·斯密的绝对成本学说也适用于区域分工，即各区域应根据自身绝对优势进行专业化分工和生产，然后相互交换，以期资源利用能最大化并增进各区域的经济利益。但亚当·斯密的绝对成本学说不足之处就是与国际分工和贸易的实际相矛盾。针对绝对成本学说的不足，大卫·李嘉图在《政治经济学及赋税原理》中提出和阐述了比较优势成本说。他通过运用两个国家、两种产品的模型进行论证得出，劳动生产率在各商品间是不均等的，一个国家无论处于的发展阶段如何，都有相对优势，应把生产要素（劳动、资本）用于具有相对优势的商品上，然后利用国际分工和贸易相互交换，从而能在使用和消耗等量资源的情况下，提高资源的利用效率，实现经济的快速发展（汪悦，2013）。

（二）要素禀赋理论

要素禀赋理论（factor endowment theory）是由赫克歇尔（E. Heckscher）和俄林（B. C. Ohlin）提出的，因此又称 H－O 理论。该理论从生产要素丰缺视角来解释国际贸易的产生和一国的进出口贸易类型，其基本推理逻辑是：要素禀赋的差异→要素供给的差异→生产要素价格的差异→生产成本的差异→商品价格的差异→国际贸易。因此，一国将生产和出口相对密集使用其丰裕要素的产品，进口较密集使用其稀缺要素的产品。该理论仍然存在一些不足：一是理论假设前提非常严格，称之为"二维假定"（两个区域、两种生产要素、两种商品），还假定市场是完全竞争的，生产函数的规模收益保持不变，生产要素完全同质等；二是忽视了技术因素的作用，随着科技的发展，技术进步能够改变一国在自然资源禀赋方面的劣势地位。

（三）新贸易理论

20世纪80年代以来，以保罗·克鲁格曼（Paul Krugman）为代表的一些经济学家围绕国际贸易产生的原因、国际分工的绝对因素、贸易保护主义的影响以及有关最优贸易政策产生的思想和观点被称为新贸易理论。新贸易理论的主要研究对象是规模报酬递增和不完全竞争条件下的产业内贸易,其主要内容有:(1)分析了国际贸易的动因和基础。从供给角度看,规模经济性和不完全的市场结构驱使各国进行专业化的大规模生产具有某种差异的同类产品并进行贸易。瑞典经济学家林德(S. B. Linder)则从需求方面对国际贸易产生的原因进行了解释,认为收入水平会影响一国特定的偏好模式和需求结构,如果收入水平相似,那么两国的偏好模式也趋于相似,从而需求结构也越相近,贸易量就会增大。而美国经济学家波斯纳(Michael V. Posner)提出了技术差距理论,将技术作为一种生产要素,认为技术的差距将使技术上领先的国家具有技术上的比较优势,但这种比较优势将随着进口国对技术的模仿、引进和创新而逐步消失,同时贸易也将结束。(2)提出了新的贸易政策。由于市场竞争并不总是完全的、有效的,因此,政府应通过制定贸易保护措施(出口补贴、战略进口政策、进口保护等)以使本国企业能够从国外垄断厂商那里获得利润租金。同时,政府为推动整个社会经济的发展,应对一些具有技术创新的高技术产业进行扶持,因为这些产业可以通过知识外溢为其他部门带来收益,即具有正的外部经济性。(3)开始注重国际贸易理论与国际直接投资理论的融合。经济全球化步伐的加快使得跨国公司成为国际经济的主要载体,并对国际贸易格局产生了深刻影响,因此,将投资与国际贸易相融合是经济全球化和一体化的必然趋势。

五、创新理论

熊彼特构建了一个完整的理论体系和概念框架,系统地分析了技术进步对经济增长促进作用的内在机制,提出了非均衡的经济思想,率先打破了经济理论研究的僵局。他认为,创新是生产要素的重新组合,本质是建立一种新的生产函数(何爱平,宋宇,2011)。创新的主体是企业家,目的是获得潜在利益,产业创新主要是通过引入新产品、开辟新市场而实现。新古典经济学理论主要从创新的外部性概念出发,认为创新是一种交互式的社会过程,是企业与外部环境间相互作用的过程。此后,伊诺思、弗里曼、缪尔赛、莫尔、德鲁克等均对技术创新展开了研究。

新制度经济学认为,创新具有高投入和高风险的特征,在企业的不同发展阶段,创新影响企业绩效的机制是不同的;新奥地利学派认为,创新是一个具有多样性的概念,其主要功能是不仅能打破旧有的均衡,更能通过处理不确定性而重新恢复均衡;现代创新理论认为创新是保持竞争优势的基础,并将创新分为根本性创新和渐进式创新、结构性创新和空缺式创造等;演化经济学认为创新具有很大的不确定性,在渐进式创新和突变式创新中,技术演进可以降低成本,提高效率,并可形成循环累计效应,创新就是经济发展。总之,西方经济学中的创新理论主要从微观和短期视角出发,强调创新在资源配置效益方面的作用。

马克思将创新看作一个社会进步过程,认为创新的实质是采用新的生产方式,以提高生产力并实现超额利润,是社会经济发展的根本动力;创新的主体是多元的,既包含资本家、工人,又包含科技人员或职业创新者。同时,马克思认为创新既包括技术创新,又包括科技创新、制度创新和管理创新等。马克思深入分析了资本主义制度下的劳动生产力,将科学技术阐述为生产力中一个相对独立的因素,详细分析了生产技术进步的连续性和演进性,并认为技术创新才是市场竞争与经济发展的重要推动力,并通过对微观层面的分析指出,创新能够在客观上使所生产的商品更加符合市场的需求,而社会消费结构的升级、消费模式的演变是推动创新的主要力量。在当前我国经济发展方式转型和产业结构调整的关键期,大力提升创新能力对于推进经济结构调整和提高经济增长质量具有重要作用。

六、系统科学理论

系统是指由相互作用的诸多元素组成的具有整体功能的统一体。一般认为,美籍奥地利生物学家贝塔朗菲(L. Von. Bertalanffy)是系统科学的创始人,1937年他首次提出了一般系统论的初步框架,此后多年,他围绕系统论的思想著书立作,到1972年将一般系统论扩展到系统科学范畴。国内研究相对起步较晚,是从翻译西方有关著作开始的,1979年,我国科学家钱学森在《光明日报》发表文章《大力发展系统工程,尽早建立系统科学的体系》,率先提出进行科学研究,认为系统科学就是从系统的角度观察客观世界所建立起来的科学知识体系。系统科学是研究系统一般结构、发展模式和发展规律的科学,其基本思想是将所研究和处理的对象看作一个系统,分析系统的组成结构和运行功能,研究系统、系统要素以及系统所处环境三者间的相互关系和变动的规律性。

系统由简单到复杂、由无序到有序、由低级到高级的发展离不开系统的内在动力和外部环境。系统要素之间的相互作用在空间上表现为系统的结构和联系方式,在时间上表现为系统的运动变化方式,共同决定了系统演化的方向和趋势,是系统演化的根本动力;系统的开放性使得外部环境对系统的进化也起到了重要作用,外部环境是系统要素间相互作用的场所,决定了系统内要素间相互作用的方式和范围。

目前,系统科学理论与方法已渗透到各学科中,越来越得到学术界的重视。Shannon(1948)、Boulding(1956)、Foerster(1979)分别提出了信息论、一般系统论和控制论,这三种理论被称为系统科学理论的"旧三论"。我国学者将系统科学理论划分为静态集合论(许国志,2000;苗东升,2001、2006、2007;闵家胤,1999;李继宗,1983;魏宏森,1990)、动态集合论(李曙华,2002、2004、2005、2007、2008;李士勇,田新华,2005)和重建论(朴昌根,1985、1988、2005;陈忠,盛毅华,2005;陈禹,1989;陈禹,钟佳桂,2006;颜泽贤等,2006)三类。经过多年的发展,又出现了耗散结构论、协同学、突变论、模糊系统理论等新的科学理论,从而丰富了系统科学理论。

自组织理论是系统理论的一种,主要由耗散结构论、协同学和突变论组成。基于自组织理论而对产业组织进行的分析和论述被称为产业自组织理论。高技术产业系统一般是由实验研发、生产制造和市场营销三个要素构成的系统,高技术产业系统的形成和演化离不开系统要素的相互作用,同时受外部环境的影响。借助系统理论以及自组织理论研究高技术产业系统的演化问题,是一种很好的尝试。

七、演化经济学理论

作为现代西方经济学研究的一个新领域,演化经济学近年得到较快的发展。经济学中,"演化"的思想由来已久,马克思、门格尔、马歇尔、凡勃伦和熊彼特等都对经济演化思想做出过贡献,但直到 20 世纪 80 年代才又开始为越来越多的经济学家所重视。1982 年,纳尔逊(Richard R. Nelson)和温特(Sidney G. Winter)合著的《经济变迁的演化理论》(An Evolutionary Theory of Economic Change)一书奠定了现代演化经济学形成的基础。他们认为"惯例"是一种类似生物基因的东西,组织内部的惯例化行为的核心功能有利于形成稳定的预期,并促进组织内部特定知识的存储和传播(理查德·R. 纳尔逊,悉尼·G. 温特,1997)。在后来的研究中,他们又用"惯例"代替了"组织形式",并将惯例在经济主体行为中发挥的作用比作生物进化中基因所发挥的作用,即演化理论中的"组织的遗传学"命题。

演化经济学近年得到较大发展,研究内容主要围绕经济变化过程展开,组织、技术、制度和空间地理等维度构成了其主要理论体系。演化经济学的研究起点是行为主义的企业理论。该理论认为各行为主体在知识、资源和组织管理能力等方面是不同的,经济系统就是由这些具有不同特征或特点的企业组成的,变化多样的组织惯例就是企业异质性的体现;演化经济学考察的重点是通过运用企业行为理论动态地研究经济发展问题。产业是经济发展的载体,对经济发展起到支撑和引领作用,因此,产业演化是演化经济学研究的传统领域。以产业为切入点,通过对产业演化过程的阐释来解读经济发展的变迁和演变是演化经济学主要的研究领域;包容性、开放性与融合性是演化经济学最大的特征。

演化经济学家对技术变迁与长期经济增长之间的问题已从理论和实证的角度进行了探讨,认为创新是经济发展的驱动力,并将创新系统的概念引入演化经济学中,因此,演化经济学、创新系统与制度经济学三者可以相互融合;演化经济地理学是演化经济学与经济地理学交叉的一个新领域。随着创新系统理论的发展,学者逐渐认识到地理也是创新的重要维度,因此,为更好理解各区域间差异的本质,可以从时空条件视角探讨各经济行为主体的演化路径问题。演化经济学未来的发展趋势是共同演化理论。

总之,演化经济学用动态、演化的分析方法来观察经济发展进程,并且更加关注经济发展的过程而非结果,强调时间、历史等在经济演化中的地位,探索经济变迁和技术变迁的内在规律,为现代经济学提供了更科学的分析范式。

第三章　我国高技术产业发展现状分析

第一节　我国高技术产业发展历程

与欧美等发达国家和地区相比,我国高技术产业发展起步较晚,但经过70多年的发展,取得的成就比较显著。回首中国高技术产业的发展历程,大体可分为起步、成长、快速发展三个阶段。

一、高技术产业发展的起步阶段

新中国成立至20世纪70年代后期是我国高技术产业发展的起步阶段。这一时期,由于新中国刚刚成立,国内工业基础比较薄弱,经济发展水平和科技水平不高,同时又面临西方主要国家对我国进行技术封锁的严峻国际形势,因此,这一时期我国高技术产业遵循"重点发展,迎头赶上"的发展方针,发挥"独立自主、自力更生"的精神,以军用和国防高科技为主,是高技术的研究、开发和储备阶段。

在高技术产业发展的起步阶段,国家相继出台了一系列政策、规划来推动高技术产业的发展。1956年我国制定了《1956—1967年全国科学技术发展远景规划》,这是新中国第一个科学技术远景规划,成立了科学规划委员会,并将核技术、计算机技术、喷气技术、半导体技术、无线电技术和自动化技术6大技术作为重点发展的领域。1962年我国又制定了《1963—1972年科学技术发展规划》,即科学技术的第一个十年规划,提出高技术发展主要以军用高科技为主,重点发展激光技术、新材料技术以及分子生物等重点和前沿项目。1978年,全国科学技术大会将材料科技、能源科技、电子计算机技术、遗传工程、高能物理和空间科技等领域作为我国高技术产业重点发展的新方向,并力争有所突破。

起步阶段尽管受国内外诸多不利因素的影响,但我国仍取得了一些举世瞩目的成绩。1958 年,研制成功我国第一台电子计算机;1959 年,建成第一座实验室反应堆和回旋加速器;1964 年,成功爆炸第一颗原子弹;1965 年,在世界上首次人工合成牛胰岛素;1967 年,首次成功爆炸氢弹;1970 年,我国自行研制的第一颗人造卫星发射成功;1975 年,研制成功超大规模集成电路;1979 年,建成并试用光纤通信系统。这一系列成绩的取得为我国高技术产业的发展奠定了良好基础。

二、高技术产业的成长阶段

改革开放至 20 世纪 90 年代末期是我国高技术产业发展的成长阶段。这一时期在实施对外开放的战略下,我国开始以经济建设为中心和以建立社会主义市场经济体制为市场化改革目标,与此同时,我国高技术产业发展战略也做了相应调整,由"军用和国防科技为主"向"军民结合、以民为主"方针转变,全面提升包括经济实力和军事实力在内的综合国力。

1978 年 3 月,邓小平在全国科学大会上提出了"科学技术是第一生产力"的著名论断,并详尽论述了科学技术现代化是实现"四个现代化"的关键,进一步推动了我国科学技术事业的快速发展。1982 年,国家出台《国家重点科技攻关项目计划》,目的在于对国民经济和社会发展中面临的中长期、重大科技问题予以解决,支持发展高科技并促使其产业化,促进传统产业的现代化和产业结构优化。1986 年,国家制定实施了国家高技术研究发展计划("863 计划"),将生物技术、新材料、航天技术、能源技术、信息技术、自动化技术、激光技术和海洋高技术等 8 个领域作为高技术产业发展的重点,对我国高技术产业发展产生了极其深远的影响。1988 年,国家科委组织实施了"火炬计划",即中国高新技术产业的指导性计划,主要以发展高新技术产品、形成产业为目标,为我国高技术的研究与发展指明了方向。1992 年,《国家中长期科学技术发展纲要》将新能源、新材料、微电子、自动化、航空航天、海洋、信息等 7 大技术作为高技术产业重点突破的领域,使我国高技术能在世界该领域中具有一定的竞争力和地位。此外,《国家重点实验室建设项目计划》(1984 年)、《国家工程研究中心建设计划》(1988 年)、《国家科技成果重点推广计划》(1990 年)、《国家基础研究重大项目计划》和《国家工程技术研究中心计划》(1992 年)、《国家技术创新工程项目计划》(1996 年)和《国家重点基础研究发展计划》(1997 年)等科技计划和政策的出台也紧紧围绕高技术的基础研究及产业化发展,为这一时期我国高技术产业快速成长起到了积极推动作用。

在这个阶段,我国高技术及高技术产业化取得了可喜的成绩。其中比较有代表性的包括:(1)生物技术领域,如 1991 年,单克隆抗体技术实验成功并用于临床治疗;1992 年,乙型肝炎基因工程疫苗投产;1995 年,以袁隆平院士为首的两系法杂交水稻技术取得突破性进展,亩产及米质大幅提高。(2)航空航天领域,如成功发射返回式卫星、长征系列大推力火箭、洲际运载火箭及水下导弹以及掌握一弹多星技术等。(3)原子能及高能物理领域,如 1988 年,北京正负电子对撞机建成并成功对撞;1989 年,建成世界第一座具有固有安全性的壳式低温核供热反应堆;1994 年,正式投入商业运营的大亚湾核电站。(4)电子及计算机技术领域,如 1997 年,银河-Ⅲ百亿次巨型计算机研制成功,纳米电子学超高密度信息存储研究取得突破性进展,开发了近 500 种专用集成电路,并在冶金、化工、电力等领域广泛应用。在众多科研成果中,电子、航空航天技术成为高技术产业化的重要支柱行业。

三、高技术产业的快速发展阶段

21 世纪初至今是我国高技术产业快速发展阶段。进入 21 世纪,经济发展的决定因素已发生重大变化,知识的创造、扩散与应用越来越受到重视,人类进入知识经济时代。受国际形势及自身发展阶段的影响,中国经济发展方式也面临重大调整,高技术产业作为知识经济时代的主导产业,对其的发展既是产业结构调整与升级的需要,也是经济发展的必然,因此,大力发展高技术产业是现在乃至未来经济社会发展的重要任务。

2000 年,国家设立了国家科学技术奖,奖励那些做出特别重大科学发现或技术发明的公民,或对完成具有特别重大意义的科学技术工程、计划、项目等做出突出贡献的公民、组织;2001 年 6 月,国家计委印发了《国民经济和社会发展第十个五年计划科技教育发展专项规划(高技术产业发展规划)》,明确了高技术产业发展的原则和目标,提出了高技术产业发展的重点任务,并制定了相应的发展政策,是新世纪第一个高技术产业发展规划;2006 年 1 月,我国提出了建设"创新型国家"的奋斗目标,并将增强自主创新能力作为发展科学技术的战略基点;2005 年 12 月,国务院发布了《国家中长期科学和技术发展规划纲要(2006—2020)》,全面规划和部署了我国未来 15 年科学和技术的发展;2007年 12 月,国家发展改革委印发了《高技术产业化"十一五"规划》,重点部署了信息、生物、航空、航天、新材料、新能源、现代农业、先进制造、循环经济、海洋等十大领域高技术产业化的主要任务和若干重大专项;2011 年,科技部制定了《国家"十二五"科学和技术发展规划》,提出应大力培育和发展新能源、新材料、新一代信息技术、高端制造业等战略性新兴产业;2012 年 5 月,国务院通过了《"十二五"国家战略性新兴产业发展规划》,重点提出了新能源汽车产业、生物产业、节能环保产业等七大战略性产业的发展目标和任务。这一时期发展的重点是高技术产业化及其对国民经济的带动作用。

这一时期取得的成就也是巨大的。信息技术领域,首款 64 位高性能通用CPU 芯片问世,高性能计算机曙光 4000A 系统正式启用,每秒峰值运算速度达 10 万亿次。量子信息领域,避错码引起国际轰动。航空航天科学领域,"神舟五号"、"神舟六号"和"神舟七号"载人航天飞行圆满成功,实现了载人航天工程的重大突破;"嫦娥一号"成功探月之旅则标志着我国首次月球探测工程圆满成功。生物医学领域,超级杂交稻技术获得成功,大幅提高了水稻产量,提高了农民种粮的经济效益,确保国家粮食安全。首次完成水稻基因图谱的绘制,首次定位和克隆了神经性高频耳聋、汗孔角化症、乳光牙本质Ⅱ型等遗传病的致病基因,完成人类基因组计划的 1‰基因绘制图,体细胞克隆羊、转基因试管牛以及重大疾病的基因测序和诊断治疗技术均取得突破性进展。尤其值得一提的是,屠呦呦教授凭借在寄生虫疾病治疗研究方面取得的成就而获得 2015 年诺贝尔生理学或医学奖,是首位获得诺贝尔奖科学类奖项的中国人。此外,青藏铁路全线通车,高速铁路的快速发展不仅突破了很多高难技术,更提升了国家及民族在国际上的政治影响力。

此外,国家创新体系建设、高技术产业园区建设及高技术产业进出口贸易等也取得了令人可喜的成绩。根据《中国高技术产业统计年鉴（2014）》，2013年，国家高新区生产总值达到 63063.5 亿元，占当年国内生产总值的比重达到 11.1%。国家高新区人均营业总收入、人均工业总产值、人均净利润、人均上缴税额分别为 136.7 万元、103.7 万元、8.5 万元、7.6 万元，比上年增长 5.2%、2.6%、6.4%、1.5%。出口总额占全国外贸出口总额的 18.7%。可以说，这一时期高技术产业的快速发展为经济发展、民生改善、社会进步、国家安全提供了强有力的支撑。

第二节　我国高技术产业发展总体情况

自 1986 年我国启动和实施"863 计划"以来，经过近 30 年的发展，我国高技术产业发展取得了十分显著的成绩，对我国产业结构调整和经济增长起到了显著的带动作用，逐渐成为国民经济发展中重要的支撑和先导产业。

一、产业规模方面

从总产值（当年价）看，2012 年首次突破 10 万亿元，2013 年达 114487.3 亿元，是 2002 年的 7.6 倍。高技术产业总产值（当年价）占当年 GDP 的比重 2009 年稍有下降，但总体呈上升趋势，由 2002 年的 12.55% 上升到 2013 年的 20.13%，平均达 17.91%；从总产值增速与 GDP 增速[①]对比来看，除 2007 年、2008 年、2009 年、2011 年外，其余年份高技术产业产值增速均高于同期 GDP 增速（见图 3-1），2010 年后两者均呈下降趋势，且差距越来越小；2002—2013 年，高技术产业产值增速平均为 17.71%，比 GDP 平均增速高 5.62 个百分点。受国际金融危机影响，2008 年、2009 年高技术产业产值增速大幅下滑，2010 年反弹至 19.68% 后又逐年下降；高技术产业增加值（当年价）由 2002 年的 3768.58 亿元增长至 2013 年的 24313.95 亿元，增长了 5.45 倍；高技术产业产值增加值占工业增加值的比重整体上呈逐年上升态势，平均占比为 10.22%（见表 3-1）。

---

　① 以 2000 年为基期进行计算。

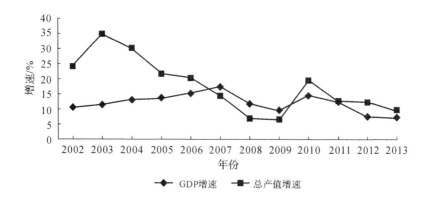

图 3-1 2002—2013 年高技术产业总产值增速与 GDP 增速对比

表 3-1 2002—2013 年我国高技术产业产值情况

年份	总产值/亿元	总产值增速/%	GDP 增速/%	占 GDP 比/%	增加值/亿元	占工业增加值比/%
2002	15099.3	24.12	10.62	12.55	3768.58	7.95
2003	20556.1	34.53	11.52	15.13	5034.02	9.16
2004	27768.6	30.02	13.27	17.34	6341.30	9.72
2005	34360.8	21.55	13.62	18.58	8127.79	10.52
2006	41996.0	20.40	15.35	19.41	10055.51	11.01
2007	50461.2	14.66	17.50	18.98	11620.66	10.51
2008	57087.4	6.83	11.60	18.18	13245.23	10.17
2009	60430.5	6.61	9.89	17.73	14269.09	10.55
2010	74708.9	19.68	14.53	18.61	16637.76	10.35
2011	88433.9	12.32	12.34	18.69	19382.99	10.28
2012	101778.2	12.17	7.53	19.59	21747.71	10.89
2013	114487.3	9.63	7.30	20.13	24313.95	11.54

数据来源:《中国统计年鉴》(2003—2014),《中国高技术产业统计年鉴》(2003—2014),《中国高技术产业发展年鉴》(2013、2014)。

从高技术产业固定资产投资来看,2013 年是 2002 年的 15.77 倍,增长很快,增速(以 2000 年为基期)除 2004 年比较低外,其余年份均保持在两位数,最高年份甚至达到 41.11%(2003 年),平均增速为 25.93%;高技术产业固定资产投资占全社会固定资产投资比重并不大,2002—2013 年平均为 2.65%。高技术产业主营业务收入 2012 年突破 10 万亿元,2013 年达到 116048.90 亿元,是 2002 年的 7.94 倍;高技术产业主营业务收入占规模以上工业企业主营业务收入比重 2003—2011 年逐年下降,2012 年开始有所回升。高技术企业家数在 2010 年为 28189 家,是 2002—2013 年中最高的,2013 年比 2002 年翻了一番还多(见表 3-2)。

表 3-2　2002—2013 年我国高技术产业规模

年份	固定资产投资/亿元	固定资产投资增速/%	占全社会固定资产投资比/%	主营业务收入/亿元	占规模以上工业企业主营业务收入比/%	企业数/家
2002	986.78	33.12	2.27	14614.24	13.35	11333
2003	1423.13	41.11	2.56	20411.52	14.26	12322
2004	1790.49	4.56	2.54	27846.30	14.00	17898
2005	2144.09	34.29	2.42	33916.20	13.65	17527
2006	2761.02	26.86	2.51	41584.55	13.26	19161
2007	3388.35	18.10	2.47	49714.09	12.44	21517
2008	4169.23	12.93	2.41	55728.91	11.15	25817
2009	4882.24	19.96	2.17	59566.70	10.98	27218
2010	6944.73	37.33	2.50	74482.80	10.67	28189
2011	9468.46	27.85	3.04	87527.20	10.40	21682
2012	12932.65	35.09	3.45	102284.00	11.01	24636
2013	15557.68	19.95	3.49	116048.90	11.28	26894

数据来源:《中国统计年鉴》(2003—2014),《中国高技术产业统计年鉴》(2003—2014)。

二、产出效益方面

高技术产业利润由 2002 年的 741.07 亿元上升到 2013 年的 7233.70 亿元,上涨了 9.76 倍;高技术产业利润占规模以上工业企业利润总额的比重由最高的 2002 年的 12.81% 一直下降到 2007 年的 8.82%,此后几年短暂、小幅波动,2011 年以后持续上涨,2002—2013 年平均占比为 10.0%。高技术产业利税方面,2013 年突破万亿元大关,达 11117.00 亿元,2013 年的利税额是 2002 年的 9.53 倍,比主营业务收入增长(7.94 倍)要高;高技术产业利税占全国税收收入比呈上升态势,2013 年达到 10.06%。出口交货值 2004 年为 14830.9 亿元,突破 1 万亿元,此后逐年增加,到 2008 年突破 3 万亿元,2009 年受金融危机影响有所下降,2010 年后又猛增 25.43%,到 2013 年接近 5 万亿元;出口交货值占出口总额的比整体上呈上升态势,平均达 31.11%,最高年份为 2012 年的 36.10%,除 2002 年、2003 年和 2005 年外,其余年份均在 30% 以上。具体见表 3-3、图 3-2。

表 3-3　2002—2013 年我国高技术产业产出效益

年份	利润/亿元	利润占规模以上工业企业利润比/%	利税/亿元	利税占全国税收收入比/%	出口交货值/亿元	出口交货值占出口总额的比/%
2002	741.07	12.81	1166.10	6.61	6020.02	22.34
2003	971.41	11.65	1464.60	7.32	9098.27	25.07
2004	1244.60	10.43	1783.80	7.25	14830.90	30.20
2005	1423.20	9.61	2089.60	7.26	17636.00	28.15
2006	1777.27	9.11	2611.17	7.50	23476.46	30.26
2007	2395.76	8.82	3353.38	7.35	28422.79	30.41
2008	2725.10	8.92	4023.90	7.42	31503.94	31.38
2009	3278.53	9.49	4660.30	7.83	29499.70	35.96
2010	4879.70	9.20	6753.10	9.22	37001.60	34.57
2011	5244.90	8.54	7813.80	8.71	40600.30	32.94
2012	6186.30	9.99	9494.30	9.44	46701.10	36.10
2013	7233.70	11.51	11117.00	10.06	49285.10	35.94

数据来源:《中国统计年鉴》(2003—2014),《中国高技术产业统计年鉴》(2003—2014)。

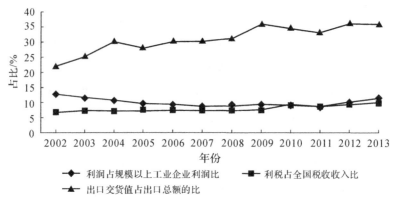

图 3-2　2002—2013 年我国高技术产业利润、利税、出口交货值占比

三、创新能力方面

专利申请数方面,与前一年相比,除 2010 年有所下降外,其余年份均有所上升,2011 年起超过 10 万件,并且 2013 年是 2002 年的 25.6 倍,可见,专利申请数增长非常快。有效发明专利增长速度更是惊人,2013 年是 2002 年的近 75 倍,有效发明专利占全国发明专利授权数的比重也是一路飙升,由最初 2002 年的 8.62%上涨到 2013 年的 66.82%,高技术产业在全国发明专利授权数中占比已超过 2/3,创新能力建设成效显著。新产品销售收入 2007 年、2011 年、2013 年分别突破 1 万亿元、2 万亿元和 3 万元亿元,并且间隔时间不断缩短;新产品销售收入占规模以上工业企业新产品销售收入比重方面,2002—2009 年呈不断下降趋势,由 2003 年最高的 32.03% 下降到 2009 年的 20.86%,2009 年之后又呈上升态势,但仍比 2002—2013 年平均占比 25.52% 要小,见表 3-4。

表 3-4　2002—2013 年我国高技术产业创新能力

年份	专利申请数/件	有效发明专利数/件	有效发明专利数占全国发明专利授权数比/%	新产品销售收入/亿元	占规模以上工业企业新产品销售收入比/%
2002	5590	1851	8.62	3416.11	31.52
2003	8270	3356	9.03	4515.04	32.03
2004	11026	4535	9.19	6098.95	26.74

续表

年份	专利申请数/件	有效发明专利数/件	有效发明专利数占全国发明专利授权数比/%	新产品销售收入/亿元	占规模以上工业企业新产品销售收入比/%
2005	16823	6658	12.49	6914.66	28.69
2006	21301	8141	14.09	8248.89	26.41
2007	34446	13386	19.70	10303.22	25.15
2008	39656	23915	25.52	12879.47	22.58
2009	71337	41170	32.04	13736.72	20.86
2010	59683	50166	37.13	16364.76	22.46
2011	101267	82240	47.78	22473.35	22.34
2012	127821	115799	53.34	25571.04	23.13
2013	143005	138785	66.82	31229.61	24.31

数据来源:《中国统计年鉴》(2003—2014),《中国高技术产业统计年鉴》(2003—2014),《中国科技统计年鉴》(2003—2014)。

四、发展潜力方面

从表3-5可以看出,高技术产业R&D经费支出由2002年的186.97亿元增长到2013年的2163.95亿元,增长了10.57倍;高技术产业R&D经费支出占全社会同类支出的比平均为15.68%,比重并不大,并且2002—2010年比重基本比较稳定,涨幅不大,2011年后逐步上升;2003—2007年高技术产业R&D经费支出占高技术产业总产值的比基本维持在1%多一点,2008年后开始逐步上升,总体趋势是上升的,但比重依然很低,甚至比整个社会的研发强度还要低,可见,我国高技术产业在研发投入方面的确有很大的进步空间。高技术产业R&D人员全时当量呈逐年上升态势,2013年是2002年的5.66倍,R&D人员全时当量占全社会同类指标的比重2009年后比2002—2013年的平均占比14.68%要高,说明2009年后高技术产业R&D人员全时当量增长很快,发展潜力很大。

表 3-5   2002—2013 年我国高技术产业发展潜力

年份	高技术产业R&D经费支出/亿元	占全社会R&D经费支出的比/%	R&D经费支出占总产值的比/%	全社会R&D经费支出占GDP的比/%	R&D人员全时当量/(万人年)	占全社会R&D人员全时当量比/%
2002	186.97	14.52	1.24	1.06	11.84	11.44
2003	222.45	14.45	1.08	1.13	12.78	11.67
2004	292.13	14.86	1.05	1.22	12.08	10.48
2005	362.50	14.80	1.05	1.32	17.32	12.69
2006	456.44	15.20	1.09	1.38	18.90	12.58
2007	545.32	14.70	1.08	1.38	24.82	14.30
2008	655.20	14.19	1.15	1.46	28.51	14.51
2009	968.39	16.69	1.60	1.68	38.92	16.99
2010	1037.54	14.69	1.39	1.73	39.91	15.63
2011	1547.91	17.80	1.75	1.79	51.12	17.73
2012	1855.05	18.01	1.82	1.93	62.32	19.19
2013	2163.95	18.27	1.89	2.01	67.02	18.97

数据来源:《中国统计年鉴》(2003—2014),《中国高技术产业统计年鉴》(2003—2014),《中国科技统计年鉴》(2003—2014)。

五、社会效益方面

从高技术产业从业人员年平均人数的绝对数来看,2002 年至 2013 年逐年增加,2013 年是 2002 年的 3.05 倍,并且从 2010 年起超过 1000 万人,达10922252 人。从高技术产业从业人员年平均人数的增速来看,最高为 2004 年的 22.96%,最低为 2009 年的 1.35%,整体上增速起伏较大。高技术产业从业人员占规模以上工业企业从业人员年平均人数的比逐年上涨,2006 年开始超过 10%,到 2013 年达 13.07%;高技术产业从业人员占全社会就业人员的比重一路上升,由 2002 年的 0.58% 上涨到 2013 年的 1.69%,增长了近 2 倍(见表 3-6)。

表 3-6 2002—2013 年高技术产业从业人员年平均人数

年份	从业人员年均人数/人	从业人员年均人数增速/%	占规模以上工业企业从业人员年平均人数的比/%	占全社会就业人口的比/%
2002	4238928	6.41	7.68	0.58
2003	4772823	12.59	8.30	0.65
2004	5868861	22.96	8.86	0.79
2005	6633422	13.03	9.62	0.89
2006	7444894	12.23	10.12	0.99
2007	8429582	13.23	10.70	1.12
2008	9447700	12.08	10.69	1.25
2009	9575428	1.35	10.84	1.26
2010	10922252	14.07	11.44	1.44
2011	11469153	5.01	12.51	1.50
2012	12686722	10.62	12.92	1.65
2013	12936870	1.97	13.07	1.69

数据来源:《中国高技术产业统计年鉴》(2003—2014),《中国工业统计年鉴》(2003—2014),占比由作者计算所得。

第三节 我国高技术产业四大经济区域发展情况

高技术产业作为区域经济发展的重要引导产业,其区域发展情况如何对区域经济至关重要。全面厘清我国高技术产业四大经济区域的具体发展情况,对于理论研究和政府制定相应政策亦十分重要。

一、总产值方面

由表 3-7 可知,从总产值绝对数来看,东部、中部、西部及东北地区 2013 年分别是 2002 年的 6.8 倍、16.2 倍、10.4 倍和 5.8 倍,可见,中部地区发展是最快的,东北地区发展较慢。从总产值相对数来看,东部地区占全国比重最大,2011 年前均超过 80%,但之后逐年下降,2013 年比 2002 年占比降低了近 10

个百分点。东北地区由 2002 年的 5.18% 一直下降到 2006 年的 2.85%,此后占比开始逐年小幅上升,到 2013 年占比接近 4%,所占份额在四个地区中最小。中部地区与西部地区占比呈现的整体趋势比较相像,均先下降后上升,但 2008 年开始中部地区高技术产业发展加快,占比逐年超过西部地区,2013 年中部地区比西部地区占比多了约 2 个百分点。

表 3-7　2002—2013 年我国高技术产业各地区总产值情况

年份	东部地区		中部地区		西部地区		东北地区	
	总产值/亿元	占比/%	总产值/亿元	占比/%	总产值/亿元	占比/%	总产值/亿元	占比/%
2002	12248.2	81.12	898.1	5.95	1169.2	7.75	783.8	5.18
2003	17394.6	84.61	973.7	4.74	1267.4	6.17	920.4	4.48
2004	24343.3	87.66	1085.3	3.91	1418.3	5.11	921.7	3.32
2005	30010.0	87.34	1477.5	4.30	1742.5	5.07	1130.8	3.29
2006	36762.9	87.54	1963.3	4.67	2074.4	4.94	1195.4	2.85
2007	43648.3	86.50	2548.4	5.05	2684.7	5.32	1579.8	3.13
2008	48669.8	85.25	3293.9	5.77	3236.0	5.67	1887.7	3.31
2009	50276.7	83.20	4053.9	6.71	3937.0	6.51	2162.9	3.58
2010	61602.4	82.46	5438.6	7.28	4877.8	6.53	2790.1	3.73
2011	69718.5	78.84	8248.6	9.33	7166.4	8.10	3300.4	3.73
2012	76740.8	75.40	11745.2	11.54	9353.4	9.19	3938.8	3.87
2013	83243.7	72.71	14574.2	12.73	12158.6	10.62	4510.8	3.94
平均值		82.72		6.83		6.75		3.70

注:资料来源《中国高技术产业统计年鉴》(2003—2014),占比由作者自行计算,下同。

二、主营业务收入方面

高技术产业主营业务收入作为生产、经营活动的主要收入,是衡量高技术产业发展水平的一个重要指标。由表 3-8 可知,就主营业务收入来看,中部地区 2013 年是 2002 年的 17.64 倍,遥遥领先其他地区,并且在 2012 年突破万亿元大关,西部地区为 11.13 倍,排在第二位,东部地区为 7.14 倍,排在第三位,发展最慢的是东北地区,为 5.94 倍。从主营业务收入占比来看,东部地区在 2004 年最高,达 88.70%,此后逐年下降,到 2013 年占比为 74.08%,但平均占比依然高达 83.78%。2007 年前(2005 年除外)西部地区比中部地区占比要高,2008 年开始中、西部地区占比呈逐年上升态势,但由于中部地区上升幅度比西部地区要大,所以中部地区开始逐渐超过西部地区,到 2013 年中部地区占比已达 12.17%,比西部地区高 2.22 个百分点。东北地区占比份额是最少的,并且 2002—2006 年呈下降态势,2007 年开始逐年上升,但涨幅并不大,到 2013 年占比仅为 3.80%。

表 3-8 2002—2013 年我国高技术产业各地区主营业务收入情况

年份	东部地区		中部地区		西部地区		东北地区	
	主营业务收入/亿元	占比/%	主营业务收入/亿元	占比/%	主营业务收入/亿元	占比/%	主营业务收入/亿元	占比/%
2002	12035.41	82.35	800.58	5.48	1037.30	7.10	740.95	5.07
2003	17511.80	85.79	901.43	4.42	1132.46	5.55	865.83	4.24
2004	24699.80	88.70	1021.70	3.67	1299.00	4.66	825.80	2.97
2005	30000.40	88.45	1456.50	4.29	1392.10	4.10	1067.20	3.15
2006	36770.25	88.42	1792.77	4.31	1884.61	4.53	1136.92	2.73
2007	43485.78	87.47	2277.74	4.58	2455.47	4.94	1495.10	3.01
2008	47920.37	85.99	3064.05	5.50	2954.18	5.30	1790.31	3.21
2009	50002.00	83.94	4117.20	6.91	3322.50	5.58	2125.00	3.57
2010	62159.50	83.45	5508.80	7.40	4063.10	5.46	2751.40	3.69
2011	70102.40	80.09	8160.70	9.32	5974.80	6.83	3289.30	3.76
2012	78350.30	76.60	11104.00	10.86	8952.70	8.75	3877.00	3.79
2013	85972.20	74.08	14123.40	12.17	11548.80	9.95	4404.50	3.80
平均值		83.78		6.58		6.06		3.58

三、利润方面

东部地区在利润的绝对数和占比方面历年均排在第一位,2004 年占比高达 91.52%,此后占比尽管呈下降态势,但 2002—2013 年平均占比依然高达 79.82%,是我国高技术产业利润最主要的来源地区;中部地区发展较迅速,

2013年利润额是2002年的20.87倍,接近1000亿元,是所有地区中增长幅度最大的,并且在2004年后占比开始超过西部地区,2013年占比达13.12%,比西部地区高近3个百分点;西部地区2012年、2013年占比均超过10%,平均占比为7.41%;东北地区除2010年、2011年外占比均不超过5%,2004年最低,为2.71%,历年平均占比为4.28%,是利润份额最小的地区(见表3-9)。

表3-9　2002—2013年我国高技术产业各地区利润情况

年份	东部地区		中部地区		西部地区		东北地区	
	利润/亿元	占比/%	利润/亿元	占比/%	利润/亿元	占比/%	利润/亿元	占比/%
2002	592.22	79.91	45.49	6.14	66.60	8.99	36.76	4.96
2003	808.78	83.26	48.32	4.97	77.91	8.02	36.40	3.75
2004	1139.10	91.52	56.30	4.52	15.60	1.25	33.60	2.71
2005	1244.50	87.44	76.00	5.34	59.70	4.19	43.00	3.03
2006	1522.30	85.65	94.55	5.32	103.98	5.85	56.44	3.18
2007	1969.50	82.21	151.87	6.34	170.80	7.13	103.59	4.32
2008	2129.57	78.15	248.47	9.12	227.59	8.35	119.47	4.38
2009	2529.38	77.15	291.77	8.90	300.20	9.16	157.18	4.79
2010	3754.20	76.93	547.70	11.22	331.60	6.80	246.20	5.05
2011	3864.30	73.68	673.70	12.84	408.40	7.79	298.50	5.69
2012	4368.30	70.61	867.40	14.02	650.70	10.52	299.90	4.85
2013	5157.40	71.30	949.40	13.12	789.70	10.92	337.20	4.66
平均值		79.82		8.49		7.41		4.28

四、利税方面

表3-10是我国高技术产业各地区利税情况表。东部地区是高技术产业利税的主要地区,平均占比达77.97%,但占比从2004年的最高点86.95%开始逐年下降,至2013年已达70.25%,下降了近20%;中部地区在2002年、2003年时要落后于西部地区,此后开始逐步超越西部地区,平均占比比西部地区高0.79个百分点,并且2013年利税额是2002年的18.25倍,远远高于西

部地区的 10.58 倍；东北地区是利税平均占比（4.55%）和利税增长倍数（2013
年是 2002 年的 7.48 倍）最低的地区，并且 2008 年后呈下降态势。

表 3-10　2002—2013 年我国高技术产业各地区利税情况

年份	东部地区		中部地区		西部地区		东北地区	
	利税/亿元	占比/%	利税/亿元	占比/%	利税/亿元	占比/%	利税/亿元	占比/%
2002	894.48	76.71	84.19	7.22	118.98	10.20	68.45	5.87
2003	1175.43	80.26	85.43	5.83	135.66	9.26	68.08	4.65
2004	1551.10	86.95	98.70	5.54	74.00	4.15	60.00	3.36
2005	1760.90	84.27	133.80	6.40	116.20	5.56	78.70	3.77
2006	2177.94	83.41	160.34	6.14	178.52	6.84	94.37	3.61
2007	2685.65	80.09	240.60	7.18	274.44	8.18	152.69	4.55
2008	3090.10	76.79	386.40	9.60	369.20	9.19	177.70	4.42
2009	3572.40	76.66	479.00	10.27	373.10	8.01	235.80	5.06
2010	5143.00	76.16	760.10	11.25	517.00	7.66	333.00	4.93
2011	5771.10	73.85	973.60	12.46	671.60	8.60	397.50	5.09
2012	6682.70	70.39	1315.00	13.85	1050.20	11.06	446.40	4.70
2013	7809.50	70.25	1536.70	13.82	1258.70	11.32	512.10	4.61
平均值		77.97		9.13		8.34		4.55

五、出口交货值方面

由表 3-11 可知，在出口交货值方面，东部地区 2013 年突破 4 万亿元，是
2002 年的 7.26 倍，占比尽管从 2008 年后有所下降，但仍然超过 80%，并且平
均占比高达 93.34%，是高技术产品对外出口的主要地区；中部地区 2013 年出
口交货值尽管是 2002 年的 51.03 倍，高于西部地区的 32.38 倍，但占比略低
于西部地区；西部地区从 2008 年开始占比逐年上升，到 2013 年占比接近
10%；东北地区占比整体上呈逐年下降态势，但在 2008 年前均高于中部、西部
地区，但此后逐渐被超越，平均占比为 1.69%，依然排在末位。

表 3-11　2002—2013 年我国高技术产业各地区出口交货值情况

年份	东部地区		中部地区		西部地区		东北地区	
	出口交货值/亿元	占比/%	出口交货值/亿元	占比/%	出口交货值/亿元	占比/%	出口交货值/亿元	占比/%
2002	5581.46	92.71	73.39	1.23	140.45	2.33	224.72	3.73
2003	8587.78	94.39	88.32	0.97	154.09	1.69	268.08	2.95
2004	14277.10	96.27	114.60	0.77	138.50	0.93	300.70	2.03
2005	17014.10	96.47	205.70	1.17	123.10	0.70	293.10	1.66
2006	22621.70	96.36	282.32	1.20	219.99	0.94	352.45	1.50
2007	27421.49	96.48	346.59	1.22	245.35	0.86	409.36	1.44
2008	30411.21	96.53	440.83	1.40	253.07	0.80	398.83	1.27
2009	28311.70	95.97	482.30	1.64	335.60	1.14	370.10	1.25
2010	35129.00	94.94	723.60	1.96	611.20	1.65	537.80	1.45
2011	37209.30	91.65	1341.30	3.30	1610.30	3.97	439.40	1.08
2012	40173.10	86.02	2947.20	6.31	3086.80	6.61	494.00	1.06
2013	40541.60	82.26	3745.00	7.60	4548.30	9.23	450.20	0.91
平均值		93.34		2.40		2.57		1.69

六、R&D 经费内部支出方面

R&D 经费内部支出是衡量研发实际支出的主要指标,由表 3-12 可知,东部地区是我国 R&D 经费内部支出最多的地区,2011 年开始超过 1000 亿元,平均占比超过 80%;中部地区增长幅度最大,2013 年是 2002 年的 23.31 倍,尽管历年平均占比低于西部地区,但近三年均超过西部地区;西部地区 2013 年支出额是 2002 年的 8.04 倍,并且历年 R&D 经费内部支出额大约是东北地区的 2 倍,而东北地区支出增长幅度不大,占比相对稳定。

表 3-12　2002—2013 年我国高技术产业各地区 R&D 经费内部支出情况

年份	东部地区		中部地区		西部地区		东北地区	
	R&D 经费内部支出/亿元	占比/%	R&D 经费内部支出/亿元	占比/%	R&D 经费内部支出/亿元	占比/%	R&D 经费内部支出/亿元	占比/%
2002	144.34	77.20	8.54	4.57	21.37	11.43	12.72	6.80
2003	171.10	76.92	12.13	5.45	26.39	11.86	12.83	5.77
2004	231.22	79.14	16.55	5.67	32.89	11.26	11.47	3.93
2005	299.75	82.69	17.79	4.91	30.14	8.31	14.82	4.09
2006	382.00	83.69	20.41	4.47	40.77	8.93	13.26	2.91
2007	448.97	82.33	25.71	4.71	51.81	9.51	18.83	3.45
2008	542.48	82.79	33.59	5.13	52.98	8.09	26.15	3.99
2009	713.55	79.98	68.08	7.63	70.92	7.95	39.57	4.44
2010	785.56	81.17	63.39	6.55	75.20	7.77	43.68	4.51
2011	1121.97	77.86	121.58	8.44	116.00	8.05	81.36	5.65
2012	1381.70	79.69	145.18	8.37	134.49	7.76	72.44	4.18
2013	1581.71	77.75	199.03	9.78	171.92	8.45	81.68	4.02
平均值		80.1		6.31		9.11		4.48

第四节　我国高技术产业五大行业发展情况

一、总产值

表 3-13 是我国高技术产业五大行业总产值情况表。由表 3-13 可以看出，医疗仪器设备及仪器仪表制造业总产值增长最快，2013 年是 2002 年的 12.46 倍，其次是医药制造业，为 9.55 倍，增长最慢的是航空航天器及设备制造业，为 5.01 倍。从产值占比来看，2002—2013 年电子及通信设备制造业总产值占比均排名第一，平均占比达到 49.13%，占据整个高技术产业产值的近一半。航空航天器及设备制造业平均占比仅为 2.30%，排在末位，是我国高技术产业中历年产值份额最小的。计算机及办公设备制造业、医药制造业和医疗仪器

设备及仪器仪表制造业排名分列第二、三、四位,平均占比分别为 27.37%、14.86% 和 6.34%。

表 3-13　我国高技术产业五大行业总产值情况

年份	医药制造业		航空航天器及设备制造业		电子及通信设备制造业		计算机及办公设备制造业		医疗仪器设备及仪器仪表制造业	
	总产值/亿元	占比/%	总产值/亿元	占比/%	总产值/亿元	占比/%	总产值/亿元	占比/%	总产值/亿元	占比/%
2002	2378.44	15.75	535.18	3.54	7947.99	52.64	3478.83	23.04	758.85	5.03
2003	2899.90	14.11	550.80	2.68	10217.16	49.66	5986.80	29.12	911.44	4.43
2004	3241.30	11.67	501.60	1.81	14006.70	50.44	8691.50	31.30	1327.40	4.78
2005	4250.40	12.37	797.20	2.32	16867.10	49.09	10660.60	31.03	1785.30	5.20
2006	5018.90	11.95	828.00	1.97	21217.60	50.52	12510.70	29.79	2420.70	5.76
2007	6361.90	12.61	1024.40	2.03	25088.00	49.72	14858.60	29.45	3128.20	6.20
2008	7875.00	13.79	1199.10	2.10	28151.40	49.31	16493.40	28.89	3368.50	5.90
2009	9443.30	15.63	1353.00	2.24	28947.10	47.90	16292.70	26.96	4394.30	7.27
2010	11741.30	15.72	1598.10	2.14	35929.80	48.09	19822.50	26.53	5617.30	7.52
2011	14942.00	16.90	1913.00	2.16	43559.50	49.26	21135.20	23.90	6884.20	7.78
2012	18296.70	17.98	2276.80	2.24	48471.50	47.62	24667.30	24.24	8065.90	7.92
2013	22721.10	19.85	2680.10	2.34	51808.40	45.25	27817.60	24.30	9460.10	8.26
平均值		14.86		2.30		49.13		27.37		6.34

图 3-3 是高技术产业五大行业总产值历年占比分布图。由图中可以看出,电子及通信设备制造业总产值占比总体上比较稳定,在 50% 左右,2011 年后逐步下降。计算机及办公设备制造业 2004 年总产值占比达到 31.30%,是历年中最高的,此后呈下降态势。医药制造业发展很快,从 2004 年开始一路上升,与计算机及办公设备制造业的差距逐年缩小。航空航天器及设备制造业占比自 2006 年开始尽管也一直在增加,但涨幅很小,与排名倒数第二的医疗仪器设备及仪器仪表制造业的差距在加大。医疗仪器设备及仪器仪表制造业 2009 年涨幅很大,此后逐年上升,2013 年达 8.26%。

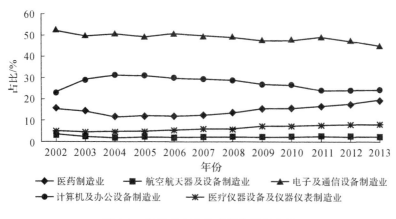

图 3-3　高技术产业总产值分行业占比

二、主营业务收入

表 3-14 是我国高技术产业分行业主营业务收入情况表。电子及通信设备制造业 2013 年主营业务收入达 60633.80 亿元,是 2002 年的 7.92 倍,平均占比为 49.9%,总收入和平均占比是各行业中最高的;医药制造业 2010 年突破万亿元大关,2013 年又突破 2 万亿元,是 2002 年的 8.98 倍,平均占比为 14.2%,总收入和平均占比排在五大行业第三位;计算机及办公设备制造业 2013 年主营业务收入是 2002 年的 6.75 倍,平均占比为 27.4%,排在第二位;医疗仪器设备及仪器仪表制造业 2013 年是 2002 年的 12.07 倍,是五大行业中增长最快的行业,但平均占比为 6.21%,份额并不大;航空航天器及设备制造业无论是增长速度(2013 年是 2002 年的 5.7 倍),还是平均占比(2.29%),均排在五大行业的末位,是主营业务收入发展最慢的。

表 3-14　2002—2013 年我国高技术产业五大行业主营业务收入情况

年份	医药制造业		航空航天器及设备制造业		电子及通信设备制造业		计算机及办公设备制造业		医疗仪器设备及仪器仪表制造业	
	主营业务收入/亿元	占比/%	主营业务收入/亿元	占比/%	主营业务收入/亿元	占比/%	主营业务收入/亿元	占比/%	主营业务收入/亿元	占比/%
2002	2279.98	15.6	499.88	3.38	7658.67	52.4	3441.67	23.6	734.04	5.02
2003	2750.73	13.5	547.20	2.68	9927.14	48.6	6305.97	30.9	880.48	4.31

续表

年份	医药制造业		航空航天器及设备制造业		电子及通信设备制造业		计算机及办公设备制造业		医疗仪器设备及仪器仪表制造业	
	主营业务收入/亿元	占比/%	主营业务收入/亿元	占比/%	主营业务收入/亿元	占比/%	主营业务收入/亿元	占比/%	主营业务收入/亿元	占比/%
2004	3033.00	10.9	498.40	1.82	13819.10	49.6	9192.70	33.0	1303.10	4.68
2005	4019.80	11.9	781.40	2.23	16646.20	49.1	10716.60	31.6	1752.20	5.17
2006	4718.80	11.4	798.88	1.92	21068.86	50.7	12634.30	30.3	2363.80	5.68
2007	5967.10	12.0	1006.40	2.05	24823.50	49.9	14887.30	29.9	3029.80	6.15
2008	7402.30	13.3	1162.10	2.09	27409.90	49.2	16499.00	29.6	3255.60	5.81
2009	9087.00	15.3	1322.80	2.22	28465.50	47.8	16432.00	27.6	4259.40	7.08
2010	11417.30	15.3	1592.50	2.18	35984.40	48.3	19957.70	26.8	5530.90	7.42
2011	14484.40	16.5	1934.40	2.21	43206.30	49.4	21163.50	24.2	6738.60	7.69
2012	17337.70	17.0	2329.90	2.28	52799.10	51.5	22045.20	21.6	7772.10	7.62
2013	20484.20	17.7	2853.20	2.46	60633.80	52.2	23214.20	20.0	8863.50	7.64
平均值		14.2		2.29		49.9		27.4		6.21

图 3-4 是五大行业主营业务收入历年占比图。电子及通信设备制造业占比在 50% 左右浮动，2009 年占比最小，但仍高达 47.8%，此后逐年上升；计算机及办公设备制造业占比 2004 年最高，为 33.0%，此后逐年下降，到 2013 年已下降到 20.0%，下降了 13.0 个百分点；医药制造业由最小的 2004 年的 10.9% 一路上升到 2013 年的 17.7%，上涨了近 70%，与计算机及办公设备制造业的差距在逐年缩小；医疗仪器设备及仪器仪表制造业和航空航天器及设备制造业相对发展较缓慢，尤其是航空航天器及设备制造业，除 2002 年外，其余年份占比均未超过 3%，并且与医疗仪器设备及仪器仪表制造业的差距有扩大态势。

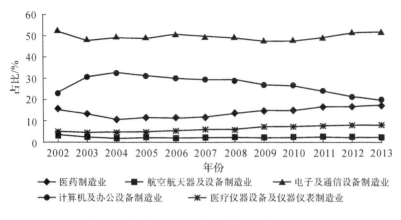

图 3-4　高技术产业主营业务收入分行业占比

三、利润

表 3-15 是我国高技术产业分行业利润情况。电子及通信设备制造业利润在 2007 年、2010 年和 2013 年分别突破 1000 亿元、2000 亿元和 3000 亿元,是历年我国高技术产业利润最多的行业,其占比最小时为 38.86%(2008 年),最大为 51.71%(2004 年),平均占比为 45.23%。医药制造业利润总值和占比历年均居第二位,超过计算机及办公设备制造业。医疗仪器设备及仪器仪表制造业 2013 年利润总额是 2002 年的 16.03 倍,是利润增长幅度最大的产业。航空航天器及设备制造业利润总额和占比依然排在末位,占比最高时为 2.78%(2008 年),最低时仅为 1.48%(2004 年)。

表 3-15　2002—2013 年我国高技术产业五大行业利润情况

年份	医药制造业		航空航天器及设备制造业		电子及通信设备制造业		计算机及办公设备制造业		医疗仪器设备及仪器仪表制造业	
	利润/亿元	占比/%	利润/亿元	占比/%	利润/亿元	占比/%	利润/亿元	占比/%	利润/亿元	占比/%
2002	201.42	27.18	12.03	1.63	358.25	48.34	117.93	15.91	51.43	6.94
2003	259.58	26.72	14.91	1.54	460.70	47.42	170.72	17.57	65.60	6.75
2004	275.00	22.10	18.40	1.48	643.60	51.71	213.50	17.15	94.10	7.56
2005	338.20	23.76	32.40	2.28	650.80	45.73	262.70	18.46	139.10	9.77

续表

年份	医药制造业		航空航天器及设备制造业		电子及通信设备制造业		计算机及办公设备制造业		医疗仪器设备及仪器仪表制造业	
	利润/亿元	占比/%	利润/亿元	占比/%	利润/亿元	占比/%	利润/亿元	占比/%	利润/亿元	占比/%
2006	372.55	20.96	45.95	2.59	886.30	49.86	276.34	15.55	196.13	11.04
2007	581.28	24.26	64.17	2.68	1036.34	43.26	443.85	18.53	270.12	11.27
2008	792.90	29.11	75.80	2.78	1059.10	38.86	521.40	19.13	275.90	10.12
2009	994.00	30.31	89.70	2.74	1309.60	39.95	487.20	14.86	398.00	12.14
2010	1331.10	27.28	81.30	1.67	2233.70	45.77	690.50	14.15	543.20	11.13
2011	1606.00	30.62	104.00	1.98	2161.90	41.23	710.40	13.54	662.60	12.63
2012	1685.90	28.07	121.80	2.03	2679.50	44.61	790.50	13.16	728.70	12.13
2013	2132.70	29.48	139.30	1.93	3326.80	45.99	810.40	11.20	824.60	11.40
平均值		26.65		2.11		45.23		15.77		10.24

图 3-5 是高技术产业分行业利润占比情况。航空航天器及设备制造业历年占比均垫底,并且起伏不大,最高年份占比也不超过 3%;计算机及办公设备制造业与医疗仪器设备及仪器仪表制造业差距在逐年缩小,2013 年医疗仪器设备及仪器仪表制造业甚至超过计算机及办公设备制造业 0.20 个百分点;医药制造业自 2006 年后呈上升态势,逐渐稳居五大行业中第二位,并且优势逐年扩大;电子及通信设备制造业占比起伏较大,除 2004 年外,其余年份占比均

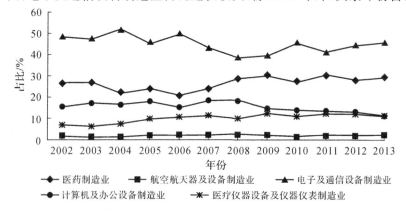

图 3-5 高技术产业分行业利润占比

不到 50%,有两年(2008 年和 2009 年)低于 40%。

四、利税

由表 3-16 可知,电子及通信设备制造业占比依然排名第一,但平均占比已低于 50%;医药制造业利税平均占比为 29.31%,并且有一半年份占比均超过 30%,其至 2009 年时与排名第一的电子及通信设备制造业相差不到 8 个百分点;利税占比方面,医疗仪器设备及仪器仪表制造业与计算机及办公设备制造业的差距在逐年缩小,2013 年前者其至反超了后者 0.38 个百分点;利税总额方面,医疗仪器设备及仪器仪表制造业 2013 年是 2002 年的 13.65 倍,而计算机及办公设备制造业同期为 7.78 倍;航空航天器及设备制造业利税平均占比仅为 2.01%,份额最小。

表 3-16 我国高技术产业五大行业利税情况

年份	医药制造业		航空航天器及设备制造业		电子及通信设备制造业		计算机及办公设备制造业		医疗仪器设备及仪器仪表制造业	
	利润/亿元	占比/%	利润/亿元	占比/%	利润/亿元	占比/%	利润/亿元	占比/%	利润/亿元	占比/%
2002	365.77	31.37	28.04	2.40	537.33	46.08	147.74	12.67	87.22	7.48
2003	446.91	30.51	27.94	1.92	674.79	46.07	209.93	14.33	105.03	7.17
2004	479.80	26.90	25.70	1.44	860.50	48.24	269.50	15.11	148.30	8.31
2005	584.40	27.97	44.50	2.13	927.30	44.37	331.10	15.85	202.30	9.68
2006	643.15	24.63	60.77	2.33	1269.57	48.62	358.77	13.74	278.91	10.68
2007	927.55	27.66	76.16	2.27	1453.69	43.35	521.69	15.56	374.29	11.16
2008	1242.30	30.87	91.90	2.29	1615.50	40.15	675.70	16.79	398.50	9.90
2009	1517.60	32.56	113.30	2.44	1858.20	39.87	607.80	13.04	563.40	12.09
2010	1955.90	28.96	107.00	1.58	3019.20	44.71	918.30	13.60	752.70	11.15
2011	2374.70	30.39	139.70	1.79	3356.70	42.96	1017.70	13.02	925.00	11.84
2012	2857.00	30.09	181.70	1.91	4286.40	45.15	1115.70	11.75	1053.50	11.10
2013	3316.20	29.83	183.90	1.65	5277.90	47.48	1148.40	10.33	1190.60	10.71
平均值		29.31		2.01		44.75		13.82		10.11

五、出口交货值

由表 3-17 可知,电子及通信设备制造业平均占比为 53.28%,是五个行业中占比最大的,并且在 2006 年、2011 年分别突破 1 万亿元、2 万亿元,2013 年是 2002 年的 8.7 倍,也是五个行业中增长幅度最大的;计算机及办公设备制造业占比在 2004 年达到最大值 46.16%,此后呈下降态势,但平均占比仍然超过 40%,是除电子及通信设备制造业外出口交货值最高的产业;医药制造业和医疗仪器设备及仪器仪表制造业平均占比分别为 2.58% 和 2.71%,相差不大;航空航天器及设备制造业占比最小年份为 2004 年,占比为 0.29%,平均占比仅为 0.61%,所占比例非常低。

表 3-17 我国高技术产业五大行业出口交货值情况

年份	医药制造业		航空航天器及设备制造业		电子及通信设备制造业		计算机及办公设备制造业		医疗仪器设备及仪器仪表制造业	
	出口交货值/亿元	占比/%	出口交货值/亿元	占比/%	出口交货值/亿元	占比/%	出口交货值/亿元	占比/%	出口交货值/亿元	占比/%
2002	203.95	3.39	45.64	0.76	3286.87	54.60	2320.31	38.54	163.25	2.71
2003	300.23	3.30	54.52	0.60	4401.77	48.38	4137.31	45.47	204.44	2.25
2004	343.40	2.32	42.50	0.29	7259.90	48.94	6845.70	46.16	339.40	2.29
2005	439.30	2.49	77.70	0.44	9410.00	53.36	7194.60	40.79	514.40	2.92
2006	538.69	2.29	121.10	0.52	12130.75	51.67	9997.70	42.59	688.22	2.93
2007	639.43	2.25	154.57	0.55	14963.15	52.64	11858.80	41.72	806.84	2.84
2008	746.70	2.37	205.70	0.65	16760.30	53.20	12976.40	41.19	814.80	2.59
2009	747.20	2.53	208.20	0.71	15542.00	52.69	12143.00	41.16	859.30	2.91
2010	948.60	2.56	202.50	0.55	19588.50	52.94	15178.00	41.02	1084.00	2.93
2011	1030.50	2.54	274.90	0.68	22239.90	54.78	15879.90	39.11	1175.10	2.89
2012	1164.90	2.49	358.70	0.78	27049.00	57.92	16926.40	36.24	1202.10	2.57
2013	1184.20	2.41	370.10	0.75	28738.40	58.31	17640.60	35.79	1351.80	2.74
平均值		2.58		0.61		53.28		40.82		2.71

六、R&D经费内部支出

电子及通信设备制造业R&D经费内部支出2013年超过1000亿元,历年平均占比接近60%,是研发支出占比最大的行业;医药制造业该项支出占比从2004年开始呈上升态势,2013年占比达17.09%,平均占比为13.02%,在五大行业平均研发经费内部支出中排名第二位;计算机及办公设备制造业占比从2006年开始呈下降态势,到2013年占比为7.30%,比最高年份下降了8.68个百分点,平均占比低于医药制造业;航空航天器及设备制造业占比除2009年、2013年外均高于医疗仪器设备及仪器仪表制造业,平均占比接近9%;尽管医疗仪器设备及仪器仪表制造业平均占比为6.26%,排在末位,但其2013年支出额是2002年的31.98倍,是所有行业中增长最快的。

表3-18　我国高技术产业五大行业R&D经费内部支出

年份	医药制造业		航空航天器及设备制造业		电子及通信设备制造业		计算机及办公设备制造业		医疗仪器设备及仪器仪表制造业	
	R&D经费内部支出/亿元	占比/%	R&D经费内部支出/亿元	占比/%	R&D经费内部支出/亿元	占比/%	R&D经费内部支出/亿元	占比/%	R&D经费内部支出/亿元	占比/%
2002	21.63	11.57	22.29	11.92	112.16	59.99	24.84	13.29	6.04	3.23
2003	27.67	12.44	22.26	10.01	138.50	62.25	25.75	11.58	8.27	3.72
2004	28.18	9.65	25.25	8.64	188.55	64.54	39.60	13.56	10.55	3.61
2005	39.95	11.02	27.80	7.67	234.72	64.75	43.44	11.98	16.59	4.58
2006	52.59	11.52	33.34	7.30	276.89	60.66	72.93	15.98	20.70	4.54
2007	65.88	12.08	42.59	7.81	324.52	59.51	81.82	15.01	30.51	5.59
2008	79.09	12.07	51.99	7.93	402.93	61.50	80.90	12.35	40.29	6.15
2009	134.54	15.08	66.26	7.43	501.15	56.17	104.81	11.75	85.36	9.57
2010	122.63	12.67	92.84	9.59	572.41	59.14	117.57	12.15	62.39	6.45
2011	211.25	14.66	149.59	10.38	790.49	54.86	158.06	10.97	131.53	9.13
2012	283.31	16.34	170.14	9.81	954.09	55.03	169.40	9.77	156.87	9.05
2013	347.66	17.09	174.71	8.59	1170.33	57.53	148.48	7.30	193.16	9.49
平均值		13.02		8.92		59.66		12.14		6.26

第五节   我国高技术产业发展存在的问题

通过上面的分析,我们可以看到,总体上我国高技术产业发展在促进区域经济增长、优化产业结构、增强制造业竞争力等方面发挥了重要作用。但随着中国制造业整体水平的不断提高,高技术产业自身也存在着一些亟待破解的问题。

一、地区和行业发展不平衡

地区分析表明,高技术产业总产值、主营业务收入、出口交货值、R&D 经费内部支出的 80％以上集中在东部地区,其中,出口交货值更是超过 90％,利润、利税相对较低,但也接近 80％。中部地区在总产值、主营业务收入、利润、利税等方面要好于西部地区,但优势并不明显,在 R&D 经费内部支出方面西部地区比中部地区高近 50％。东北地区在六个指标方面均处于末位。具体见图 3-6。可见,高技术产业的发展存在明显的区域不平衡。

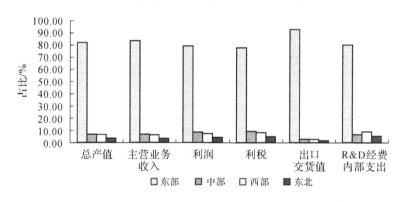

图 3-6   四大经济区域发展指标平均占比

行业结构分析表明,电子及通信设备制造业在各方面均排名第一,占比最高的为 R&D 经费内部支出,最低的是利润。计算机及办公设备制造业在出口交货值、主营业务收入和总产值方面排名第二,并且比第三位的医药制造业要高出很多。总体上,电子及通信设备制造业和计算机及办公设备制造业占高技术产业各项发展指标的 70% 以上,并且随着互联网和信息技术的快速发展,这种行业上发展的不平衡发展趋势将会进一步加大。具体见图 3-7。

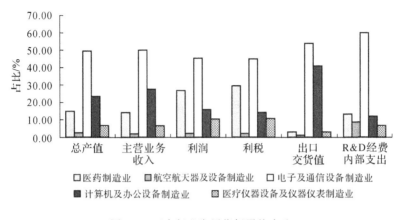

图 3-7 五大行业发展指标平均占比

为进一步衡量高技术产业发展的区域和行业差异,本研究以高技术产业产值为主要指标,采用变异系数法来分析 2002—2013 年我国高技术产业的发展差异。结果如图 3-8 所示。从中可知,区域间发展差异大体呈倒 U 形,2004年达到最大值(1.67)后持续下降,到 2013 年区域间差异系数降到 1.28;行业间差异在绝大多数年份均小于 1(除 2004 年、2006 年外),并且大体呈下降态势。另外,在 2002—2013 年,区域间差异系数均大于行业间差异系数,表明我国高技术产业发展更多呈现的是区域间的差异。

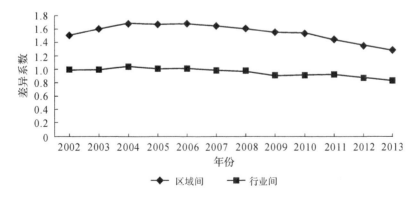

图 3-8 区域与行业发展差异对比

二、整体 R&D 投入偏低

技术创新是提高产业竞争力的关键,作为技术创新重要保障的 R&D 投入的作用不可忽视。在国家创新战略的引领下,近年我国 R&D 投入不断增长,2012 年我国 R&D 经费投入总量已经位居世界第三,但 R&D 投入强度依然落后于世界主要发达国家。由表 3-19 可知,我国 R&D 投入强度不仅低于美国、日本、德国等传统发达国家,更与韩国、芬兰等国家相差很大,尤其是韩国,其 R&D 投入强度是我国的 2 倍还强。2013 年我国高技术产业 R&D 经费占工业总值的比例为 1.03%,而美国为 19.74%,日本为 10.5%,可见,我国高技术产业 R&D 投入与世界发达国家相比仍存在较大差距。

表 3-19   中国与主要发达国家 R&D 投入强度对比

国家	2002 年	2003 年	2004 年	2005 年	2006 年	2007 年	2008 年	2009 年	2010 年	2011 年	2012 年
中国	1.06	1.13	1.22	1.32	1.38	1.38	1.46	1.68	1.73	1.79	1.93
美国	2.66	2.66	2.59	2.62	2.64	2.70	2.84	2.90	2.83	2.77	2.79
英国	1.82	1.78	1.71	1.76	1.75	1.78	1.79	1.86	1.76	1.78	1.73
法国	2.23	2.17	2.15	2.10	2.11	2.08	2.12	2.26	2.25	2.25	2.29
日本	3.17	3.20	3.17	3.32	3.41	3.46	3.47	3.36	3.26	3.39	3.35
韩国	2.53	2.63	2.85	2.98	3.01	3.21	3.36	3.56	3.74	4.03	4.36
德国	2.49	2.52	2.49	2.48	2.54	2.53	2.69	2.82	2.82	2.88	2.98
芬兰	3.36	3.43	3.45	3.48	3.48	3.47	3.70	3.93	3.88	3.78	3.55

资料来源:《中国统计年鉴》(2014)。

从各行业 R&D 经费内部支出占总产值的比重来看,航空航天器及设备制造业最高,2002—2013 年平均为 5.15%,这主要是因为我国走的是一条自力更生的道路。计算机及办公设备制造业最低,平均为 0.57%,低于高技术产业的平均水平。

三、高技术产业收益率不高

2013 年我国高技术产业的营业利润率为 6.23%,比规模以上工业企业利润率(6.11%)稍高,但高技术产业的高收益特征并不明显。从高技术产业各细分行业来看,医药制造业和医疗仪器设备及仪器仪表制造业利润率分别高达 10.41% 和 9.30%,高于高技术产业的利润率水平,而计算机及办公设备制造业利润率却只有 3.89%,明显低于高技术产业的整体水平(工业和信息化部赛迪研究院高技术产业形势分析课题组,2015)。由于计算机及办公设备制造业终端产品中的核心技术掌握在国外上游制造商手中,而我国大多从事终端产品的简单组装,该产业全球价值链中的大部分利润被国外上游制造商瓜分,而我国只能分得微薄的加工费,尚处于低端价值链的低端环节。

四、高技术企业竞争力不强

高技术企业的竞争力直接关系区域经济的竞争力。目前,我国高技术企业的数量和实力与美国等发达国家和地区相比还有很大差距,具有关键技术和附加值高的产品的企业还比较少,高技术企业的数量占制造业企业数量的比重还不高。2013 年,我国高技术企业增加值占整个制造业增加值的比重不到 15.0%,而美国为 22.0%,韩国为 25.1%,日本为 18.2%。同时,高技术企业国际竞争力有待提高。2013 年,我国高技术产业出口交货值占全世界的份额为 6.1%,而美国高达 20.0%,日本为 14.3%,德国为 8.9%。在 2015 年世界 500 强企业中,共有高技术企业 97 家,其中美国有 44 家,占 45.4%,日本有 14 家,占 14.4%;我国共有高技术企业 11 家,其中大陆有 7 家,占 7.2%,台湾和香港地区各有 2 家。

第四章　系统耦合下高技术产业发展机制：
与区域经济互动关系的构建

现实经济中,科技与经济相结合的高技术产业主要是创新驱动型产业,它的发展会促使产业结构不断调整升级,进而改变区域经济发展方式,保持经济持续发展。然而,高技术产业的发展不能是"空中楼阁",高技术产业发展所需要的产业基础、制度环境、智力资源以及其他生产要素与一个地区的区域经济基础密切相关。当一个地区不具备高技术产业发展所需的条件而强求发展高技术产业时,结果不仅是浪费地方经济投入,甚至会对地方经济发展造成严重打击,威胁地方经济的持续发展。

为明晰高技术产业与区域经济相互作用机理,可借助系统论的思想,一方面,将高技术产业与区域经济看作两个相对独立的系统①,每个独立的系统由众多要素构成,并且构成要素间相互联系、相互作用。另一方面,两个独立系统间也存在着相互联系、相互制约、相互促进、彼此影响的关系,在一定时空范围内,可以构成一个具有一定功能和结构的有机整体,组成复合系统。

系统的概念比较抽象。有关系统概念的表述有很多种,《韦氏词典》认为"系统是有机体或组织起来的整体,是由许多不同部分构成的复杂单体"。路德维希·冯·贝塔兰菲(1987)认为"系统可以用数学的、分析的定义进行表达,是处于相互作用关系的各种要素的复合体(complex)"。《中国大百科全书》把系统定义为:由多个部分经过相互依赖、相互作用、相互约束而形成的具有一定结构和功能的整体。著名科学家钱学森(1991)认为系统是由相互影响、相互促进和相互依赖的若干部分组合成的具有特定功能的有机整体。顾

---

① 为方便分析,可以将高技术产业系统从区域经济系统中独立出来。

培亮(2008)认为系统是由相互作用、相互促进和相互依赖的若干组成部分按一定规律而组成的具有特定功能的有机整体。

第一节　系统及其构成要素

一、高技术产业系统

针对高技术产业系统的定义，目前学术界并未形成一致的看法。胡实秋、宋化民(2001)将高技术产业系统定义为由高科技系统的发展、市场需求、国际竞争三方面相互作用而形成的具有正负反馈交错的复杂的动力源系统。王子龙等(2006)认为高技术产业系统是由高技术产业实体要素所构成的具有特定运行规律和能力的有机整体。綦良群(2005)将高新技术产业系统分为纵向系统和横向系统。纵向系统包括科学研究、试验发展、产品开发、生产制造、市场营销、成果扩散直至规模化大生产等环节，而横向系统由高新技术产业化的对象系统、主体系统、支撑系统和中介系统构成。魏芳(2006)认为高技术产业系统是由研究开发、生产制造、市场营销三个子系统相互作用构成的复杂的动态系统。尽管不同学者对高技术产业系统的内涵给出了不同的定义，但共同点是均从系统论视角出发，强调系统的自组织性。

根据以上定义，本研究认为高技术产业系统有狭义和广义之分，狭义系统是指高技术产业由投入、制造、产出各要素构成，该过程主要围绕高技术产品的生产、制造而形成；广义系统是指除狭义系统外所含的要素外，还包括其他与高技术产业发展密切相关的政策环境、产业基础、资金投入、市场需求等影响因素。具体构成见图4-1。

在图4-1中，虚线框中的系统为狭义的高技术产业系统。该系统主要以高技术为基础，紧紧围绕高技术产品的研究、开发、生产和技术服务等，亦是将技术变成产品的过程。该过程是整个广义高技术产业系统的核心和关键阶段，其中，应用研究是高技术知识的创造过程，为高技术知识的应用提供应用原理、技术和方法等；试验发展是在应用研究的基础上，开辟新的应用，即为获得新材料、新产品、新工艺、新系统、新服务以及对已有上述各项做实质性的改进。应用研究、试验发展要求很大的科研投入,具有很高的风险性,它们的成败直接关系整个系统是否稳定。产品开发、生产制造贯穿着实现高技术成果产业化、商品化的整个过程,是高技术产业狭义系统价值链的重要环节。

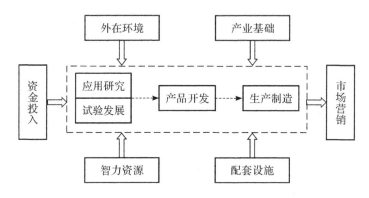

图 4-1　高技术产业系统构成

　　高技术产业广义系统是指在一定环境中,高技术产业狭义系统与外部环境就物质、能量和信息等存在着交换。市场营销是高技术产品价值实现系统,是高技术产品与市场需求的中介系统和交易平台,同时,它能将市场信息反馈回狭义系统。高技术产品在创新阶段存在研发风险高、研发周期长等特征,所以对资金投入需求非常迫切,资金投入既有政府政策支持为主的财政投入,也有以逐利为目的的风险资本,但更多的是企业自身投入的研发资金。良好的政策是发展高技术产业的重要外在环境,政策环境涉及创新、产业发展、投融资、知识产权保护、市场、人才、税收、贸易等,这些均直接关系高技术产业发展的各方面,良好而完善的政策环境是保证高技术产业持续、健康发展的内在动力。除政策环境外,社会的创新文化也是高技术产业发展的强有力支持。高技术产业的核心是高技术,而发明、创新高技术的关键要素是人,人才是高技术产业发展的根本保证,重大科技项目和高技术产业化成功的关键在于人。因此,智力资源是发展高技术产业的第一要务。产业基础是高技术产业发展的重要依托,高技术产业并不是凭空出世的,必须有良好的产业基础,发展高技术产业也必须遵循产业结构调整和产业升级转换的客观规律。配套设施是指与高技术产业发展密切相关的交通、物流、信息平台、服务等方面，完善的配套设施是高技术产业发展的基础必要条件，是高技术产业发展的支撑平台。

用函数的形式可将高技术产业系统表述为：

$$HT = f(h_1, h_2, \cdots, h_n)$$

其中，HT 代表高技术产业系统，$h_1, h_2, \cdots, h_n$ 为高技术产业系统构成要素。

高技术产业系统是由众多要素共同构成的，其功能的发挥通过各要素相互作用、相互影响而体现出来。同时，高技术产业系统的变动、调整，主要依靠系统内各要素的联动，在这一过程中，要素间必然会发生摩擦、冲突，系统演变就此而来。

二、区域经济系统

根据马克思主义政治经济学理论，"经济"是社会关系的总和，社会物质资料的生产由生产、分配、交换、消费等活动构成。随着人类社会的发展，人类的经济活动也越来越复杂。而区域经济系统是指一定区域内与经济发展相关的内部因素与外部因素相互作用而形成的有机整体。

区域经济作为一个系统，具有复杂性、多层次性、多维性、多方向性等特征。区域经济系统是由很多要素构成的，这些要素来自经济、社会、自然等多方面，这些构成要素的复杂性决定了区域经济整个系统的复杂性；区域经济系统的生产布局以及空间结构具有多层次性；区域经济作为一个系统，其系统发展的状态变量具有多维性，同时，系统的层次性也需要更多状态变量来描述系统的层次关系；在区域经济系统的众多组成要素中，大部分要素间的相互作用是非线性和不可逆的，这种相互作用的非线性将会导致系统演化发展过程具有多方向性（梁吉义，2002）。

区域经济系统内部之间（系统构成要素之间）和系统与外部环境之间存在着相互影响、相互联系和相互作用，并且不断进行着物质、信息和能量的交换与转换，因此，区域经济系统是一个开放性的系统，也是一个动态的系统。由此，为保持区域经济系统持续、健康、快速发展，必须利用其开放性的特征和属性，加快内部系统与外部环境间物资流、信息流的交换。

我们可将区域经济系统分为广义和狭义两种，具体构成见图 4-2。

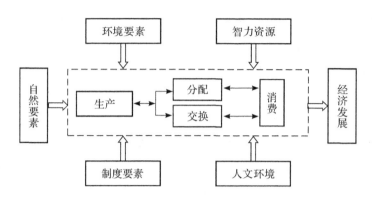

图 4-2 区域经济系统构成

在图 4-2 中,虚线框内的要素构成了狭义范围内的区域经济系统。在该系统中,生产是起点和前提,是将自然要素变为人类所需各种物质的过程,体现的是人类改造自然的过程,该阶段能为分配和交换提供物质和服务。消费是生产的最终目的,是经济系统得以存在的内在动力。分配和交换是连接生产与消费的中间环节,同时,交换、分配和消费又反作用于生产,为生产反馈信息。

广义的区域经济系统除了上述的四个活动外,还应包括自然要素、环境要素、制度要素、智力资源、人文环境等。自然要素主要指自然资源要素,能够为人类生产带来经济价值的自然环境因素和条件,包括气候资源、生物资源、土地资源、水资源和矿产资源等。自然要素能够为社会经济发展提供所需的各种资源支持,是经济发展的物质基础。环境要素主要指生态环境,人类社会的经济活动是在一定的生态环境中进行的,同时,人类的活动又将对生态环境造成影响。因此,区域经济的发展与生态环境是密切相关、紧密相连的,良好的生态环境会促进区域经济的发展,恶劣的生态环境会阻碍和抑制区域经济,使经济水平下降,甚至发生经济危机。制度要素主要指区域经济系统得以有效、持续运转的制度、政策等非物质因素,主要起协调或规范人与人、人与社会之间各种经济关系的作用。人文环境主要包括风俗习惯、人文历史精神、社会文化氛围等,它对区域经济的发展也起着十分重要的作用。智力资源主要指区域经济发展所需的人才和知识资源,是"科技是第一生产力"的主要载体,是推动区域经济发展的主要承载者,是区域经济系统中最积极、最活跃的因素。经济发展是区域经济系统存在的终极目的,是社会发展的基础,没有经济发展,人类生活水平与质量的提升、人类自身的全面发展将无从谈起。

用函数的形式可将高技术产业系统表述为:

$$RE = f(e_1, e_2, \cdots, e_n)$$

其中,RE 代表区域经济系统,$e_1, e_2, \cdots, e_n$ 为区域经济系统构成要素。

第二节　高技术产业对区域经济的促进作用

高技术产业系统作为广义区域经济系统中最为重要的一个组成部分,可以通过自身的发展直接促进区域经济增长,同时,高技术产业的技术创新扩散效应可以对传统产业进行改造升级,使传统产业不断焕发生机和发展活力,进而调整和优化区域经济结构,能够使区域经济持续增长。

自 1988 年国家实施"火炬计划"以来,高技术产业发展十分迅猛,已逐渐成为国民经济的先导性、战略性产业,其对区域经济的发展具有举足轻重的作用。依据新古典经济增长理论,区域经济的增长既可依靠资本和劳动的投入,又来源于人力资本、技术进步和制度创新等要素。高技术产业正是基于上述理论,从宏观、中观和微观层面对区域经济增长做出了直接和间接的贡献。

一、高技术产业直接拉动区域经济增长

新常态下,我国经济发展方式应从规模速度型转向质量效益型,这要求经济增长方式要更多依靠技术进步,提高资源利用率和生产要素的使用效率,减少对自然资源和原材料的消耗,实现人与自然和谐、健康、可持续的发展方式。高技术产业具有创新性、智力性、消耗低、污染小等优势,符合我国当前经济发展方式转变对产业选择的要求(赵楠,2014)。高技术产业对区域经济的直接贡献体现在其产值不断增加,占 GDP 的比重逐渐扩大,增长速度明显高于GDP 的增速,高技术产业国际贸易规模不断扩大以及上缴税收不断增加等方面。高技术产业产值占 GDP 的比重已由 2002 年的 12.55% 上升到 2013 年的20.13%,2002—2013 年产值平均增速为 17.71%,远远高于同期 GDP 12.1%

的平均增速,表明高技术产业的增长速度比 GDP 增长速度要快,对经济增长具有明显的拉动作用;在出口总额方面,高技术产业产品出口额占比已由 2002 年的 22.34%上升到 2013 年的 36.10%,上升了近 14 个百分点,高技术产品的直接国际贸易可以为我国创造丰厚的外汇收入,是中国经济快速增长的重要因素;高技术产业上缴税收方面,2013 年已突破万亿元大关,达 11117 亿元,占全国税收收入的比重已达 10.06%。

二、高技术产业有利于技术进步和技术创新

高技术产业有利于技术进步和技术创新主要是源于高技术产业具有高技术知识密集性、高投入性、高竞争性、高开放性和高渗透性。高技术知识密集性是高技术产业的根本特性,这一特性必须通过高科技水平和高科技成果加以体现,而高科技水平和高科技成果需要在广泛利用现有科技成果的基础上,通过远高于传统产业的高研发投入来支持知识开拓和积累,需要不断进行技术进步和技术创新。高技术产业也面临着高度的竞争性,这是高技术产业需要不断取得技术进步和技术创新的内在动力和外在压力,同时,也会对技术进步和技术创新产生一定的激励效应。高开放性表明高技术产业具有高度的国际合作性,在注重技术自主研发的同时,也需要引进、消化吸收发达国家的先进技术,甚至对技术进行再创新,在与别国的相互学习、交流和借鉴的过程中将会产生知识扩散外溢效应,这有利于促进本国的技术进步和技术创新。随着高技术产业的发展,高技术将扩散并融合到生产制造的各领域中,这种高技术产业与非高技术产业的融合渗透将会产生技术的扩散效应,也将有利于促进技术的进步。可见,技术创新与技术进步是高技术产业最大的比较优势,是促进经济增长的根本动力。

三、高技术产业有利于产业变革和产业结构调整

产业变革的本质是产业发展能够产生从量变到质变的飞跃,其根本动力在于具有较强创新能力的高技术。高技术一方面能够直接降低产业的生产成本,完善产品质量,提高产出效率;另一方面通过向关联产业的技术渗透,改造和提升传统部门的生产技术,为产业变革奠定坚实技术基础。

当前，我国正处于产业结构调整的关键期，推进产业结构优化升级的基本方向就是要形成以高新技术产业为先导、基础产业和制造业为支撑、服务业全面发展的产业格局。以高科技含量为基础的高技术产业可通过促使区域产业结构合理化和高度化两方面来推动区域产业结构调整。产业结构合理化要求产业各部门内部要协调发展，是保障经济持续、稳定、健康发展的关键。横向产业结构方面，高技术产业通过渗透效应向传统产业部门提供技术支撑，使传统产业走上新的持续发展道路；纵向产业结构方面，通过关联效应向相关上下游产业的影响，实现生产要素的合理配置，促使各产业协调发展。

高技术产业通过创新机制来推动产业结构高度化发展。高技术产业技术渗透性强、产品关联性大、产品收入需求弹性大，并且在技术创新、管理创新、创新潜力等方面具有很大优势，是区域经济中的优势产业，能够促进区域主导产业的不断变更，实现产业结构由第一产业占优势比重逐级向第二、第三产业占优势比重演进；高技术产业的技术优势以及市场竞争力，能够确保其在激烈的市场竞争中保持有利地位，对低效率企业生存造成威胁，迫使低效率企业转变投资方向或努力提高技术水平，从而能够优化资源在产业间的配置，使产业结构从低效率、劳动密集型产业转向高效率、技术和知识密集型产业；高技术产品高附加值的特点，吸引众多企业纷纷追求产品较高的绝对剩余价值和超额利润，推动产业不断向高技术含量、高附加值的产业转变。

四、高技术产业为区域发展积累人力资本

美国经济学家罗伯特·卢卡斯（Robert E. Lucas）在 1988 年发表的论文《论经济发展的机制》中指出，人力资本是推动经济增长的长期动力。高技术产业是以知识为基础的财富创造系统，人力资源是其最重要的依赖资源，人的因素和人的智力水平是高技术产业发展的决定性因素（逯宇铎，兆文军，2001）。

对高技术产业而言，高素质的研发团队、管理团队和市场营销团队对高技术产业长期稳定快速发展具有重要作用。高技术产业的研发人员、管理人员和市场营销人员是高技术产业保持不断创新和持久竞争力的关键和核心，他

们所拥有的技术创新知识、管理理念以及市场营销能力与其他资源结合后能够很快转化为具有市场价值的产品和服务,直接增加企业的市场价值,为企业带来利润。同时,高技术产业的发展还能产生虹吸效应,吸引区域外人才的流入,为区域经济发展积累人力资本。

五、高技术产业促使区域不断进行制度创新

新制度经济学中的制度变迁理论认为,产权、法律等制度的构建可以对技术变迁的成果加以巩固,制度在决定一国经济增长和社会发展方面具有关键性作用。高技术产业的发展在一定程度上对区域宏观层面和微观层面制度的变迁带来冲击力,具体在企业制度、产权制度、风险投资制度、科技制度以及社会文化制度等方面能够促使区域经济制度不断进行变革和创新。高技术产业的创新主体是高技术企业,而高技术企业的人力资本相比其他生产要素更为重要,这就要求高技术企业制度必须突出人的重要性,要主动适应科技创新特点和高技术产业发展规律,方能增强企业活力,促进产业更好发展。同时,在产权制度上,也应有别于以非人力资本为核心的传统企业,努力构建以人力资本为主导的产权制度,为大力发展民营科技企业和混合型高技术企业奠定基础;高技术产品的技术风险、市场风险以及财务风险,使得高技术产业的风险投资制度显得尤为重要,可以说风险投资是高技术产业发展的"金融"引擎;高技术产业的研发、成果评估与转化、技术市场化与国际化等是一项复杂的社会经济活动,其所形成的各种复杂社会关系离不开专门的知识产权制度的保护和调整;为优化科技资源,激发科技工作者的创造性和积极性,必须构建市场化的科技制度,不断探索与高技术产业发展相适应的创新科技体制,实现知识创新与科技创新有机结合,确保高技术成果能够迅速转化为生产力。可见,高技术产业的发展离不开适宜的文化制度,而高技术的创新性、合作性和专业性势必会给社会创新文化氛围、合作精神和敬业精神带来很大的推动和促进作用。

第三节　区域经济对高技术产业的作用表现

高技术产业作为最具活力的产业，是实现创新驱动战略的具体体现，是调结构、稳增长的共识。高技术产业的发展除了与科技水平、人才储备、技术创新能力等直接相关，也离不开外部经济环境的支撑和保障。区域经济对高技术产业发展的影响主要表现在以下几个方面。

一、区域经济为高技术产业发展提供财力保障

高技术产业是建立在高技术及其产业化基础上的，高技术产业具有技术复杂程度高、攻克难度大以及高变化性（更新换代快）等特点，使得大量经费投入成为确保高技术取得不断进展和推动高技术不断升级的重要保障。同时，高技术的研发也具有高风险性，这就使得高投入的收益回报具有很大的不确定性；另外，高技术的商品化和高技术的产业化过程也涉及研发—生产—应用—推广等众多环节，并且每一环节也需花费大量物力、财力。高技术产业的这些特性要求高技术产业的发展离不开区域经济的大量财力投入的保障，一方面以抵抗高技术的高风险所可能带来的重大损失，另一方面能够确保高技术产业化的顺利实现。在区域经济的财力保障中，政府的扶持固然重要，但更应发挥社会资本和风险资本的作用，同时，政府应通过政策措施来加以引导、鼓励和保证，使区域高技术产业的发展能够拥有坚实的财力保障。正如马克思所言，"资本积累才是扩大再生产的主要源泉"。

二、区域经济为高技术产业发展提供智力支持

除经费保障外，高素质人力资源是发展高技术产业的关键因素。与传统产业相比，高素质人才在高技术产业发展中的作用要大于物质资料等生产要素，正如姚正海、张海燕（2015）的实证研究表明，创新人才对高技术产业发展存在着显著的促进作用。高技术产业的研发、商品生产、企业运营、市场推广等不同环节需要与之相匹配的专业技术人才、生产技术人员、经营管理专家和营销专家，而这些大量专业人才的集聚与区域经济发展水平息息相关，经济发

展条件好自然会吸引大量高素质人才集聚,从而能够为高技术产业发展提供智力支持。除了引进人才外,更要注重自身培养,区域内的科研院所、高等学校以及高技术企业等在这方面发挥了重要作用,当然,人才的培养也离不开区域经济的财力支持。

三、区域经济为高技术产业发展提供外部环境保障

外部环境包含基础设施环境、创新环境和科技环境等,高技术产业的顺利发展除了人才和资金外,外部环境同样重要。基础设施是高技术产业发展的基础,除交通、电力、通讯、能源等传统设施外,高技术产业发展更需要公用实验室、公用图书馆和公用信息服务等设施,这些基础设施的建设和完善需要坚实的区域经济基础和实力;良好的区域创新环境能引导和激发创新主体积极参与创新活动,在高技术产业发展所需资金的多种融资方式中,政府的直接投资由于不受资本流动性限制,仍然是目前最主要的资金来源,因此,区域的现有经济基础将直接影响该地高技术产业发展的规模和速度;科技环境、教育环境尤其是高等教育环境将会为高技术产业发展提供所需的高层次人才以及促使高技术不断转化,而科技和教育的投入不是一朝一夕的,需要长久和持续的发展,同时,从发达国家的经验来看,科技和教育的投入回报也是比较高的。此外,产业发展的外部环境还包括政治法律环境、社会文化环境、市场竞争环境等,这些均与区域经济水平息息相关,对高技术产业发展也至关重要。

四、区域产业基础是高技术产业发展的重要支撑

高技术产业五大细分行业总体上还属于制造业,这就使得高技术产业的发展对产业基础尤其是制造业基础提出很高的要求,区域经济需要在交通、能源、工艺设备以及基础设施等方面为高技术产业发展提供有力支撑,也就是说高技术产业的发展不仅需要区域经济提供相关的配套设施,更要具备工业制造基础;由产业波及理论可知,传统产业或非高技术产业间的相互联结必然对高技术产业的产生和发展产生波及和影响效应,这种波及效应的大小取决于区域产业基础的发展情况。另外,经济结构理论认为,经济增长与产业结构调

整间具有良性互动关系，因此，区域经济增长可以通过产业结构调整为高技术产业发展提供导向和保障。

五、区域经济为高技术产业发展拓展市场需求

根据罗斯托的理论，当经济发展进入大众消费和高消费阶段后，巨大的现实和潜在需求能够为产业发展创造市场推动力。市场消费需求的反馈作用有利于推动技术创新和进步，为高技术产业发展奠定动力基础，但市场需求的这种反馈作用与经济发展阶段密切相关。除国内市场需求外，随着区域经济的发展以及区域经济的一体化和国际综合竞争力的提升，高技术产业发展的国际贸易环境也不断拓展和优化，进一步扩大了高技术产业的市场需求，有利于高技术产业的技术进步与创新。同时，区域市场消费结构对高技术产业发展也具有重要影响，区域消费结构高度化将加快高技术产品的消费支出，而高技术产业为了不断满足市场需求，将不断进行技术升级和产品换代，以追求最大市场价值。

基于上面的分析可知，高技术产业与区域经济间能够产生良性的互动关系，高技术产业通过推动技术进步、促使制度创新、提升产业结构、培养高素质人才等对区域经济发展产生直接或间接的促进作用，而区域经济为高技术产业发展提供坚实的经济保障、产业基础、智力支撑和良好的外部环境。两者间的互动关系如图 4-3 所示。

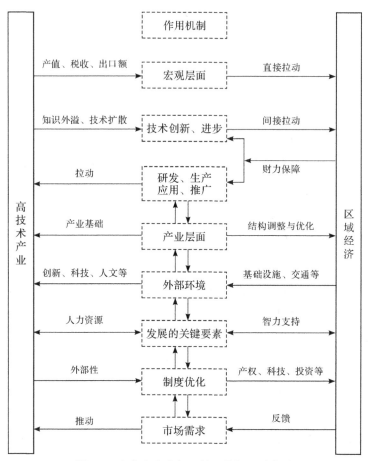

图 4-3　高技术产业与区域经济间互动关系

第四节　高技术产业与区域经济复合系统

本研究将高技术产业与区域经济复合系统定义为：在一定时期和区域范围内，高技术产业与区域经济发展之间相互影响、相互作用、相互制约、相互依赖、共同发展，两个系统各构成要素之间共生、互动、匹配、协同，并共同进化的非线性关系的总和，通过系统间的关联作用，成为一个全新的整体，以实现资源及要素优化配置、产业结构不断升级、经济社会持续发展。

高技术产业与区域经济一方面作为独立的两个子系统存在，两个子系统间相互联系、相互作用，另一方面两个子系统所组成的"高技术产业—区域经济"复合系统的发展离不开外界因素的影响，这两种关系形成了网状结构，具体如图 4-4 所示。图中圆形虚线部分代表高技术产业系统，圆形实线部分代表区域经济系统，高技术产业系统在技术创新、产业升级、制度创新和资源配置方面对高技术产业产生积极作用，而区域经济系统则在研发投入、产业基础、人才战略以及政策支持等方面为高技术产业提供保障。同时，复合系统离不开外界环境的支撑，从外界引入"负熵流"，为复合系统发展创造良好的外在条件。

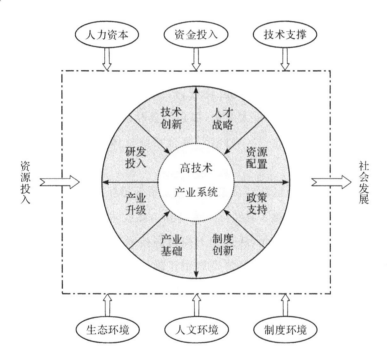

图 4-4　高技术产业与区域经济复合系统结构模式

　　"高技术产业—区域经济"复合系统具有整体性、开放性、协调性、耦合性、动态性、突变性与自组织性。整体性是指高技术产业系统与区域经济系统二者中，任何一方发生变化都会对对方产生影响，二者可以构成一个整体，并且通过相互间的作用使得彼此间的联系更加紧密，不可分割。开放性是指该复合系统是开放的，与外部环境有着紧密、动态的联系，通过与外部环境进行资源、信息等方面的交流和作用，实现系统在规模、速度及方向等方面的发展。

协调性是指二者在各自系统演化过程中,彼此间的结构特征、要素比例、发展水平等要协调一致,只有这样,复合系统的整体效果才更好。当然,复合系统的协调性是有层次的,这种层次性主要体现在空间维度上,即区域在资源、经济、文化、制度等方面的差异,复合系统的水平也有高低之别。动态性是指"高技术产业—区域经济"复合系统在满足整体性、协调性的基础上,系统发展规模会不断演化,复合的形式和程度会随着时间而不断向持续发展阶段演变。突变性一方面是由复合系统中行为个体的非计划行动造成的,另一方面是由复合系统内外环境的不确定性导致的。自组织性是指复合系统具有自我主动适应内外环境的能力,根据不断变化的环境,主动调整复合系统运行方式、发展规模和速度。

编织高技术产业与区域经济的复合系统中的链条并非孤立存在和单独发挥作用,而是彼此交错在一起,相互促进、相互联系、相互影响。如果任何一个子系统、一条复合链条发生重大变化,都必然会对系统内其他要素产生深刻影响,并进而对"高技术产业—区域经济"复合系统整体产生震荡和冲击(苏娜,2011)。

高技术产业系统与区域经济系统间的关系是相互影响、相互促进的,高技术产业的发展有利于拉动区域经济发展,同时,高技术产业的发展也离不开区域经济强有力的支撑。因此,从理论上探讨高技术产业与区域经济发展间的相互作用机制,不仅对在区域经济发展中正确地认识和协调二者之间的关系具有重要作用,而且对实现高技术产业和区域经济发展"双赢"的效果具有指导意义。

第五章　高技术产业的增长效应及影响因素：与区域经济相互作用的实证

高技术产业与区域经济间关系的实证分析见图 5-1。首先，从全国和地区两个层面对高技术产业与区域经济间进行灰色关系分析，以确定两者间是否存在长期相关关系。其次，分析高技术产业对区域经济的促进作用，并应用数学模型就高技术产业对区域经济的贡献程度进行实证测算。最后，论述影响高技术产业发展的区域因素，并应用动态计量模型对各影响因素进行实证检验。

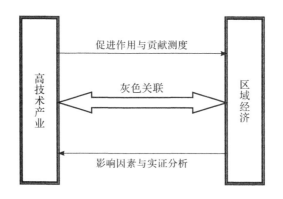

图 5-1　高技术产业与区域经济关系实证分析

第一节　高技术产业与区域经济灰色关联分析

相关性分析是用以衡量两个或两个以上具备相关性的变量元素间相关密切程度的一种分析方法。高技术产业与区域经济作为两个既独立又具有相互作用的系统，其相关性关系到两个系统相互作用的机制。本节主要应用灰色关联理论对高技术产业与区域经济间的相关性进行分析,为进一步分析两者间的作用奠定基础。

一、高技术产业与区域经济的灰色关联分析模型

灰色系统理论(grey system theory)是一种系统科学理论,由我国著名学者邓聚龙教授于 1982 年提出。灰色系统理论的基本分析方法称为灰色关联分析(grey relational analysis,GRA),其基本原理就是依据各因素变化曲线几何形状的相似程度来对因素之间关联程度进行判断,即在系统发展过程中,若两个因素变化的趋势具有一致性,即同步变化程度较高,即可视为二者关联程度较高,反之,则较低(蒋桂容,2011)。

灰色关联分析对一个系统发展变化态势提供了量化的度量,非常适合动态(dynamic)的历程分析。与多元回归计量方法不同,灰色关联分析方法不要求数据样本容量很大,可以少到 4 个,对变量是否具有典型分布规律等也无特别的要求,鉴于这些优点,灰色关联分析在自然科学和社会科学尤其是经济领域得到极为广泛的应用,受到越来越多学者的青睐。

(一)数列确定

灰色关联分析的数列分为比较数列和参考数列。其中,参考数列是反映系统行为特征的,而比较数列则是由影响系统行为的因素组成的。

设参考数列为:

$$X_0 = \{X_0(k) \mid k = 1, 2, \cdots, n\}$$

比较数列为:

$$X_i = \{X_i(k) \mid k = 1, 2, \cdots, n\}, i = 1, 2, \cdots, m$$

(二)变量的无量纲化

数据量纲的不同将不利于进行比较,因此,在计算灰色关联度前一般都需对参考数列和比较数列数据进行无量纲化处理,使之具有可比性。处理公式为:

$$x_i(k) = \frac{X_i(k)}{X_i(1)}, k = 1, 2, \cdots, n, i = 0, 1, 2, \cdots, m \tag{5-1}$$

(三)求解差异信息

$$\Delta_i = \mid x_0(k) - x_i(k) \mid, k = 1, 2, \cdots, n, i = 1, 2, \cdots, m \tag{5-2}$$

（四）计算关联系数

$$\xi_i(k) = \frac{\min\limits_{i}\min\limits_{k}|x_0(k) - x_i(k)| + \rho\max\limits_{i}\max\limits_{k}|x_0(k) - x_i(k)|}{|x_0(k) - x_i(k)| + \rho\max\limits_{i}\max\limits_{k}|x_0(k) - x_i(k)|}$$

(5-3)

ρ 为分辨系数，ρ 的取值一般介于 0 和 1 之间，ρ 越小，分辨力越大，当 $\rho \leqslant 0.5463$ 时分辨力最好，通常情况下 ρ 取 0.5。

（五）计算关联度

$$\varepsilon_i = \frac{1}{n}\sum_{k=1}^{n}\xi_i(k), k = 1, 2, \cdots, n$$

(5-4)

（六）关联度排序

根据 ε_i 的大小进行排序，如果 $\varepsilon_1 < \varepsilon_2$，则认为 x_2 数列与参考数列更相似。

二、指标选取、数据来源与处理

为了具体测算高技术产业与其他产业对区域经济的影响程度并进行比较，我们根据国民经济中有关产业划分的依据，将第二产业中的工业具体细分为高技术产业、非高技术产业的工业，再加上建筑业、第一产业、第三产业，可以一起构成整个产业体系。选取国内生产总值（GDP）和各产业 2002—2013年增加值作为基础，通过建立灰色关系分析模型，具体分析高技术产业及其他各产业对区域经济增长的带动作用程度并对比分析。具体序列如下：

参考数列 Y_0：国内生产总值（GDP）

比较数列 X_1：第一产业占 GDP 的比

　　　　　X_2：高技术产业占 GDP 的比

　　　　　X_3：非高技术产业的工业占 GDP 的比

　　　　　X_4：建筑业占 GDP 的比

　　　　　X_5：第三产业占 GDP 的比

本节数据主要来源于 2003—2014 年的《中国高技术产业统计年鉴》《中国统计年鉴》以及国家统计局、科学技术部科技统计网站等。

为了使计算结果具有可比性，凡涉及时间序列的数据均按不同价格指数折算成 2000 年不变价，剔除价格变动的影响。同时，通过第三章分析得出，高技术产业发展速度高于 GDP 增速,为了保证各序列具有同序性和等效性,本研究将各产业占 GDP 之比作为新的比较数列。

三、计算结果

(一)全国层面高技术产业与区域经济增长的灰色关联

根据不同价格指数将第一产业、高技术产业、非高技术产业的工业、建筑业和第三产业折算成 2000 年不变价,并将 2002—2013 年各数据除以当年 GDP,得到灰色关联分析所需的参考数列和比较数列,各数列数据见表 5-1。

表 5-1　参考数列和比较数列的数据

年份	Y_0	X_1	X_2	X_3	X_4	X_5
2002	120471.49	0.1374	0.0324	0.3754	0.0537	0.4147
2003	134367.67	0.1280	0.0379	0.3762	0.0552	0.4123
2004	152231.64	0.1339	0.0398	0.3690	0.0544	0.4038
2005	172980.21	0.1212	0.0427	0.3646	0.0548	0.4051
2006	199321.57	0.1111	0.0446	0.3625	0.0548	0.4094
2007	233714.90	0.1077	0.0426	0.3664	0.0537	0.4189
2008	260753.21	0.1073	0.0407	0.3596	0.0597	0.4182
2009	285070.93	0.1033	0.0424	0.3595	0.0657	0.4343
2010	325044.87	0.1010	0.0411	0.3559	0.0664	0.4324
2011	363410.86	0.1004	0.0404	0.3524	0.0675	0.4337
2012	388908.10	0.1008	0.0431	0.3525	0.0683	0.4465
2013	415061.90	0.1001	0.0460	0.3527	0.0686	0.4609

各数列均以 2002 年为基期,并将数据取值为 1,利用公式 5-1 对 2003—2013 年数据进行初值化处理,然后利用公式 5-2 求解差异信息,最后利用公式 5-3、5-4 求解关联系数和关联度,结果见表 5-2。

表 5-2　高技术产业及其他产业与经济增长灰色关联系数与关联度

年份	ξ_1	ξ_2	ξ_3	ξ_4	ξ_5
2002	1.0000	1.0000	1.0000	1.0000	1.0000
2003	0.8808	0.9615	0.9231	0.9395	0.9181
2004	0.8245	0.9747	0.8287	0.8443	0.8241
2005	0.7104	0.9201	0.7451	0.7658	0.7474
2006	0.6163	0.8301	0.6635	0.6818	0.6706
2007	0.5402	0.6848	0.5849	0.5910	0.5936
2008	0.4954	0.5993	0.5296	0.5634	0.5402
2009	0.4569	0.5622	0.4909	0.5431	0.5074
2010	0.4090	0.4872	0.4370	0.4817	0.4507
2011	0.3727	0.4343	0.3953	0.4357	0.4080
2012	0.3526	0.4171	0.3724	0.4098	0.3870
2013	0.3333	0.4014	0.3515	0.3852	0.3679
关联系数和 $\sum \xi_i(k)$	6.9922	8.2728	7.3222	7.6413	7.4152
关联度 ε_i	0.5827	0.6894	0.6102	0.6368	0.6179

可见,关联度排序为 $\varepsilon_2 > \varepsilon_4 > \varepsilon_5 > \varepsilon_3 > \varepsilon_1$,即关联度从大到小依次为高技术产业($X_2$)、建筑业($X_4$)、第三产业($X_5$)、非高技术产业的工业($X_3$)、第一产业($X_1$)。进一步说明,在各产业中,高技术产业与经济增长关系最为密切,说明高技术产业是带动经济增长最主要的因素。其次是建筑业,与经济增长的关联度为 0.6368,第三位的是第三产业,关联度为 0.6179,第四位的是非高技术产业的工业,关联度为 0.6102,仅比第三产业低了 0.0077。排在最后一位的是第一产业,关联度为 0.5827,对经济增长的带动作用最小。

(二)四大经济区域高技术产业与区域经济增长的灰色关联

我国高技术产业发展存在明显的地区差异特征,为分析各地高技术产业与区域经济增长间的相关性,本节仍采用灰色关联理论来加以探讨。对各地区各数列经价格指数调整成 2000 年基期,并求各比较数列与地区 GDP 的比,作为各地区参考数列和比较数列。利用公式 5-1、5-2、5-3、5-4 求解各地区灰色关联度,结果如表 5-3 所示。

　　由表 5-3 可知,对东部地区来说,关联度排序为 $\varepsilon_2 > \varepsilon_5 > \varepsilon_4 > \varepsilon_3 > \varepsilon_1$,即关联度从大到小为:高技术产业($X_2$)、第三产业($X_5$)、建筑业($X_4$)、非高技术产业的工业($X_3$)、第一产业($X_1$)。进一步说明,在各产业中,高技术产业与区域经济增长的关系最为密切,表明高技术产业是促进区域经济增长的最主要因素。其次是第三产业,关联度为 0.6082,第三位的是建筑业,关联度为 0.5893,第四位的是非高技术产业的工业,关联度为 0.5663,比排在最后一位的第一产业关联度高 0.0038。

表 5-3　各地区高技术产业及其他产业与区域经济增长的关联度

区域	X_1	X_2	X_3	X_4	X_5
东部地区	0.5625	0.6731	0.5663	0.5893	0.6082
中部地区	0.6013	0.7091	0.6386	0.6337	0.6321
西部地区	0.6101	0.6355	0.6689	0.6192	0.6334
东北地区	0.6041	0.6181	0.6167	0.6214	0.6129

　　中部地区的关联度排序为 $\varepsilon_2 > \varepsilon_3 > \varepsilon_4 > \varepsilon_5 > \varepsilon_1$,即关联度从大到小为:高技术产业($X_2$)、非高技术产业的工业($X_3$)、建筑业($X_4$)、第三产业($X_5$)、第一产业($X_1$),相应的关联度为 0.7091、0.6386、0.6337、0.6321 和 0.6013,只有高技术产业与经济增长的关联度超过 0.7,非高技术产业的工业、建筑业和第三产业关联度相差不大,而第一产业仍然排在最后一位。

　　西部地区的关联度排序为 $\varepsilon_3 > \varepsilon_2 > \varepsilon_5 > \varepsilon_4 > \varepsilon_1$,即关联度从大到小依次为非高技术产业的工业($X_3$)、高技术产业($X_2$)、第三产业($X_5$)、建筑业($X_4$)、第一产业($X_1$),其中高技术产业排在第二位,关联度为 0.6355,与排在第一位的非高技术产业的工业关联差距为 0.0334,差距不大,排在第三、第四和第五位的关联度分别为 0.6334、0.6192 和 0.6101。

　　东北地区的关联度排序为 $\varepsilon_4 > \varepsilon_2 > \varepsilon_3 > \varepsilon_5 > \varepsilon_1$,即关联度从大到小为:建筑业($X_4$)、高技术产业($X_2$)、非高技术产业的工业($X_3$)、第三产业($X_5$)、第一产业($X_1$)。高技术产业排在第二位,关联度为 0.6181,与排在第一位的建筑业

（0.6214）差距不大，排在最后一位的仍然是第一产业。

表5-4是高技术产业及其他产业与区域经济增长灰色关联对比分析。从中可以看出，对全国及东、中、西及东北地区来说，高技术产业排在第一位的为全国层面和东部、中部地区。对西部和东北地区来说，高技术产业与经济增长的相关性均排在第二位，但与排在第一位的产业差距不大（分别为 0.0334 和 0.0033）。而第一产业占 GDP 的比重不断下降，其与国民经济的相关性也随之下降，第一产业与经济增长关联度均排在最后一位。

表 5-4　高技术产业及其他产业与区域经济增长灰色关联对比分析

$Y_t^{(1)}$	第一位	第二位	第三位	第四位	第五位
全国	X_2	X_4	X_5	X_3	X_1
东部地区	X_2	X_5	X_4	X_3	X_1
中部地区	X_2	X_3	X_4	X_5	X_1
西部地区	X_3	X_2	X_5	X_4	X_1
东北地区	X_4	X_2	X_3	X_5	X_1

第二节　高技术产业对区域经济贡献的实证测度

一、高技术产业对区域经济贡献的测度方法

（一）高技术产业对区域经济增长率的贡献率

用 Y 代表国内生产总值，t 代表年度，则 t 年经济增长率为：

$$R_t = (Y_t - Y_{t-1})/Y_{t-1} \tag{5-5}$$

假设整个国内生产总值被划分为 n 个产业部门（包含高技术产业部门与其他部门），用 Y_i 代表产业部门 i 的增加值，则上式变为：

$$R_t = (Y_t^1 - Y_{t-1}^1)/Y_{t-1} + (Y_t^2 - Y_{t-1}^2)/Y_{t-1} + \cdots$$
$$+ (Y_t^n - Y_{t-1}^n)/Y_{t-1} \tag{5-6}$$

其中

$$R_t^i = (Y_t^i - Y_{t-1}^i)/Y_{t-1} \tag{5-7}$$

就是产业部门 i(包含高技术产业部门)对经济增长率的贡献,简称为产业部门 i 的贡献。

将公式 5-6 两端同时除以 R_t,得:

$$1 = [(Y_t^1 - Y_{t-1}^1)/Y_{t-1}]/R_t + [(Y_t^2 - Y_{t-1}^2)/Y_{t-1}]/R_t + \cdots$$
$$+ [(Y_t^n - Y_{t-1}^n)/Y_{t-1}]/R_t \tag{5-8}$$

令

$$P_t^i = [(Y_t^i - Y_{t-1}^i)/Y_{t-1}]/R_t = R_t^i/R_t \tag{5-9}$$

则 P_t^i 就是产业部门 i 对经济增长率的贡献率,称为产业部门 i 的贡献率。将公式(5-5)代入公式(5-9),则产业部门 i 的贡献率也可表示为:

$$P_t^i = (Y_t^i - Y_{t-1}^i)/(Y_t - Y_{t-1}) \tag{5-10}$$

即产业部门 i 的贡献率等于产业部门 i 的增加值增量与 GDP 增量的比。对高技术产业部门来说,其贡献率等于高技术产业增加值的增量与 GDP 增量之比。

(二)基于菲德模型的贡献测度模型

菲德(Feder Gershon)1983 年为估计出口对区域经济增长的作用,将整个经济部门划分为出口部门与非出口部门两部分,在边际要素生产率方面假设出口部门要高于非出口部门,由此可构建两部门的生产函数,并经推导可得到出口对经济增长的直接作用和间接作用,这个计量模型被称为菲德模型。

借助菲德模型的思想以及前文有关高技术产业对经济增长促进作用的分析,我们可以做如下假设:

(1)整个区域经济部门分为高技术部门(H)和非高技术部门(N);

(2)投入要素只有资本和劳动两种;

(3)高技术部门的边际要素生产率高于非高技术部门;

(4)高技术部门对非高技术部门有技术溢出影响。

由此,可得到两部门生产函数,具体表达式如下:

$$H = G(K_h, L_h) \tag{5-11}$$
$$N = F(K_n, L_n, H) \tag{5-12}$$

其中,K_h、L_h 与 K_n、L_n 分别为高技术产业部门与非高技术产业部门的资本和劳动力,公式(5-12)表明高技术产业部门对非高技术产业部门有外溢效应,因为非高技术产业部门的产出除了与自身资本和劳动力有关，还受到高技术产业部门产出的影响。

社会总产出：$Y = H + N$ (5-13)

社会总资本：$K = K_h + K_n$ (5-14)

社会总劳动力：$L = L_h + L_n$ (5-15)

用 ω 代表两个部门间要素生产率的差异，即，

$$\frac{\partial G}{\partial K_h} = (1 + \omega) \frac{\partial F}{\partial K_n}$$ (5-16)

$$\frac{\partial G}{\partial L_h} = (1 + \omega) \frac{\partial F}{\partial L_n}$$ (5-17)

ω 的取值可以大于、等于或小于 0，分别代表高技术产业部门生产率高于、等于或低于非高技术产业部门的生产率。

对公式(5-13)求微分得如下方程：

$$dY = \frac{\partial G}{\partial K_h} \cdot dK_h + \frac{\partial G}{\partial L_h} \cdot dL_h + \frac{\partial F}{\partial K_n} \cdot dK_n + \frac{\partial F}{\partial L_n} \cdot dL_n + \frac{\partial F}{\partial H} \cdot dH$$

(5-18)

将公式(5-16)、(5-17)代入公式(5-18)并进行变换，可推导出如下方程：

$$\frac{dY}{Y} = \frac{\partial F}{\partial K_n} \cdot \frac{dK}{Y} + \frac{\partial F}{\partial L_n} \cdot \frac{dL}{L} \cdot \frac{L}{Y} + \left(\frac{\omega}{1 + \omega} + \frac{\partial F}{\partial H}\right) \cdot \frac{dH}{H} \cdot \frac{H}{Y}$$

(5-19)

令非高技术产业部门的资本边际生产率 $\frac{\partial N}{\partial K_n} = \alpha$，非高技术产业部门的劳动边际生产率 $\frac{\partial N}{\partial L}$ 与劳动率 $\frac{Y}{L}$ 成正比，比例为 β，则 $\beta = \frac{\partial N}{\partial L_n} \cdot \frac{L}{Y}$，$\gamma = \frac{\omega}{1 + \omega} + \frac{\partial N}{\partial H}$，同时，假设资本折旧为零，$dK = I$ 为投资，分别代入公式(5-19)，得到如下方程：

$$\frac{dY}{Y} = \alpha \cdot \frac{I}{Y} + \beta \cdot \frac{dL}{L} + \gamma \cdot \frac{dH}{H} \cdot \frac{H}{Y}$$ (5-20)

公式(5-20)表明一国产出既取决于资本和劳动力的投入，又取决于高技术产业部门对经济增长的拉动作用，其中 γ 就是高技术产业部门对经济增长的全部贡献，该贡献可分为高技术产业部门对经济增长的直接作用和对非高技

术产业部门的外溢作用,即对经济增长的间接作用(张平,郑海莎,2007)。为进一步解析高技术产业部门对非高技术产业部门产出的贡献,令 θ 为高技术产业部门对非高技术产业部门的产出弹性,则:

$$\theta = \frac{\partial N/N}{\partial H/H} = \frac{\partial N}{\partial H} \cdot \frac{H}{N} \tag{5-21}$$

可进一步推导出:

$$\frac{\partial F}{\partial H} = \theta \cdot \frac{Y-H}{H} = \theta \cdot \frac{Y}{H} - \theta$$

代入 γ,并简化公式(5-20),可得:

$$\frac{dY}{Y} = \alpha \cdot \frac{I}{Y} + \beta \cdot \frac{dL}{L} + \left(\frac{\omega}{1+\omega} - \theta\right) \cdot \frac{dH}{H} \cdot \frac{H}{Y} + \theta \cdot \frac{dH}{H} \tag{5-22}$$

$\frac{dY}{Y}$ 为 GDP 的增长率,$\frac{I}{Y}$ 为投资占 GDP 的比,$\frac{dL}{L}$ 为劳动力的增长率,$\frac{dH}{H}$ 代表高技术产业部门的产出增长率,$\frac{H}{Y}$ 代表高技术产业部门产出占 GDP 的比。

如果两部门边际要素生产率相等,并且高技术产业部门对非高技术产业部门没有外溢作用,即 $\omega = 0$、$\frac{\partial N}{\partial H} = 0$,则公式(5-20)变为新古典增长模型,但通常情况下 $\omega > 0$,因为高技术产业的技术一般更加有效,所以其边际要素生产率要高于非高技术产业部门。

菲德模型在具体测度两个不同部门的要素对经济增长的作用(直接贡献和间接贡献)方面具有较高的实际应用价值,被我国学者广泛应用在社会经济研究的各领域。比如,王文博、刘生元(2001)运用菲德模型对我国教育投入对经济增长的影响进行了测度;陈小磊、郑建明(2012)针对江苏省信息产业对经济增长的贡献进行了测算;刘孝斌(2015)选取中国1978—2012年省级面板数据分析了腐败影响税收增长的作用和扩散效应,并对分税制改革前后的东、中、西部地区进行了对比分析。

尽管菲德模型得到了广泛应用,但菲德模型也有一定的局限性。

(1)部门假设过于简化。将整个国民经济只划分为高技术产业部门和非高技术产业部门是一种理论上的简化。

(2)生产率假设可能与事实不符。就目前高技术产业部门的五大行业而言,其生产率水平也不尽相同,同时,并不一定高于非高技术产业部门的某些行业。

（3）溢出效应是否存在时滞。技术外溢效应是需要一定时间的,菲德模型假设高技术产业部门对非高技术产业部门的技术外溢效应发生在同一时期,这与事实不符。

（4）计量检验方面可能存在解释变量的自相关性。

（三）基于C-D生产函数的贡献测度模型

新古典经济增长理论将技术进步因素引入C-D生产函数,得到新的生产函数为：

$$Y = A(t) \cdot K^{\alpha}L^{\beta}H^{\gamma} \tag{5-23}$$

其中,Y为总产出,$A(t)$为t时期的技术水平,一般为常数,K为资本投入量,L为劳动投入量,H为高技术产业投入量。对公式（5-23）两边取自然对数,得如下回归方程：

$$\ln Y = \ln A + \alpha \ln K + \beta \ln L + \gamma \ln H \tag{5-24}$$

α、β、γ分别为资本、劳动和高技术产业投入的产出弹性系数。由此可得到高技术产业研发投入对经济增长贡献测度的模型为：

$$E_h = \gamma \cdot \frac{\overline{H}}{\overline{Y}} \tag{5-25}$$

其中,$\overline{H}$为高技术产业投入量样本期内的年平均增长率,$\overline{Y}$为样本期内总产出的年平均增长率,E_h则为高技术产业投入量对经济年均增长的贡献率。

本研究选择基于C-D生产函数的模型作为研究高技术产业对经济增长贡献的计量模型。

二、实证分析

（一）模型设定、变量选取、数据来源与处理

由于样本期较短,本研究使用我国31个省（区、市）2002—2013年的面板数据进行分析,面板模型如下：

$$\ln Y_{it} = C_i + \alpha \ln K_{it} + \beta \ln L_{it} + \gamma \ln H_{it} + \varepsilon_{it} \tag{5-26}$$

其中,i代表省（区、市）,t代表时间,α为常数,ε代表随机扰动项。经济增长（Y）

变量采用国内生产总值（GDP，单位：亿元）表示，资本投入（K）变量采用固定资产投资额（单位：亿元）衡量，劳动投入（L）变量采用全社会就业人员总数（单位：万人）来衡量，高技术产业投入（H）变量采用高技术产业R&D经费内部支出（单位：亿元）来衡量。

高技术产业投入数据来自《中国高技术产业发展年鉴》和《中国高技术产业统计年鉴》，资本、劳动、经济增长数据来自《中国统计年鉴》，样本期间为2002—2013年。

为消除价格因素影响，将GDP、资本以及高技术产业R&D经费内部支出折算成2000年基期的实际数据。

（二）高技术产业弹性系数的估计

利用静态面板数据，首先要进行模型具体设定形式的检验，通过对面板数据进行检验，发现个体效应显著，不适合运用Pooled OLS来估计；进一步，对于模型选用固定效应还是随机效应，需运用Hausman检验。

因本研究只研究高技术产业投入的弹性系数λ，故其他变量的系数及常数项没有列出。利用Stata14.0软件进行分析，结果见表5-5。

表5-5　高技术产业对经济增长贡献的回归结果

地区	全国层面	东部地区	中部地区	西部地区	东北地区
λ 系数	0.1129**	0.1677*	0.0795*	0.0815*	0.0873*
F	482.882	1197.671	644.553	361.607	440.5767
R^2	0.9627	0.9712	0.9553	0.9728	0.9824
模型	RE	RE	FE	FE	FE
OBS	360	120	72	132	36

注：*、** 分别表示在10%、5%的显著性水平上显著。OBS代表样本观察值的个数。

由表中的F检验、t检验以及调整的可决系数可知，全国层面及四大经济区域均通过F检验，表明回归方程显著；全国及四大经济区域均通过t检验，其中，全国层面在5%水平上显著，其余区域在10%水平上显著；所有区域样本的调整可决系数均在0.9以上，表明模型的拟合优度很高。

（三）高技术产业对经济增长贡献的测算

在利用公式（5-25）计算高技术产业的投入对经济增长的年均贡献率前，

需采用几何法先计算出国内生产总值及 R&D 经费内部支出的年均增长率，
公式为：

$$A = (A_{2013}/A_{2002})^{\frac{1}{11}} - 1 \qquad (5\text{-}27)$$

　　具体计算结果如表 5-6 所示。由表可知，无论是全国层面还是四大经济
区域，2002—2013 年间 GDP 的年均增长率均小于高技术产业 R&D 经费内部
支出的年均增长率。全国层面，2002—2013 年国内生产总值年均增长率为
11.90%，高技术产业 R&D 经费内部支出年均增长率为 20.71%，高技术产业
投入对经济增长的年均贡献率为 19.65%，表明高技术产业对区域经济的发展
具有重要的拉动作用，我国实施促进高技术产业发展的战略已初见成效。四
大经济区域中，国内生产总值年均增长率由高到低依次为西部地区
（14.82%）、中部地区（13.29%）、东部地区（12.74%）、东北地区（11.84%），高
技术产业 R&D 经费内部支出年均增长率由高到低依次为中部地区
（25.63%）、西部地区（20.65%）、东部地区（16.07%）、东北地区（14.33%），高
技术产业对经济增长的贡献程度由大到小依次为东部地区（21.15%）、中部地
区（15.33%）、西部地区（11.36%）、东北地区（10.57%）。

表 5-6　全国层面及各地区高技术产业对经济增长贡献度

地区	Y 的增长率/%	H 的增长率/%	γ 系数	E_h /%
全国	11.90	20.71	0.1129	19.65
东部地区	12.74	16.07	0.1677	21.15
中部地区	13.29	25.63	0.0795	15.33
西部地区	14.82	20.65	0.0815	11.36
东北地区	11.84	14.33	0.0873	10.57

　　目前，我国所定义的高技术产业均属制造业，这就决定了该产业的发展不
仅取决于 R&D 投入，产业基础同样至关重要。西部地区尽管高技术产业
R&D 经费内部支出年均增长率高达 20.65%，但高技术产业对经济增长的年
均贡献率仅为 11.36%，说明西部地区发展高技术产业的基础比较差，高技术
产业尚处于起步阶段，对区域经济的带动作用也很有限；东北地区作为我国重
要的重工业基地，尽管近年来经济增长面临持续下滑的困难，但仍然具有很好

的工业基础,为发展高技术产业奠定了坚实基础,2002—2013 年高技术产业 R&D 经费内部支出年均增长率为 14.33%,是中部地区的 55.91%,但高技术产业对区域经济的带动作用 10.57%,是中部地区的 68.95%;东部地区具有良好的经济基础,同时在高端人才、高端科技、制度创新、创新环境等方面也具有优势,在多方面共同的推动下,东部地区高技术产业对区域经济的年均贡献为 21.15%;中部地区非常重视高技术产业的发展,R&D 经费内部支出的年均增长率为 25.63%,大力发展高技术产业对中部地区改造升级传统产业、促进区域经济快速发展具有重要推动作用,高技术产业对区域经济带动作用达 15.33%,仅次于东部地区。

第三节　区域经济影响高技术产业发展的实证分析

发展高技术产业对新常态下我国实施创新驱动战略、加快经济结构调整以及构筑新的经济增长点具有重要意义。为切实推动高技术产业平稳健康发展,增强高技术产业的竞争力,应首先明晰影响高技术产业发展的因素有哪些,其作用如何,兼有理论和实践意义。目前,国内理论界对影响高技术产业发展因素的研究有祝福云等(2006)、李玉婵(2013)和张鹏等(2015),所选因素主要集中在研发投入、企业规模、市场需求、人力资本、创新环境等方面,实证方法主要有改进灰色模型、线性回归和空间常系数与变系数模型等。在借鉴现有研究成果的基础上,本研究主要从研发投入、经济发展水平、发展环境、产业集聚度等方面选取相应影响因素,并考虑循环累计效应。

一、影响因素分析

第一,研发投入。投入是产出的基础,高技术产业发展所需的研发投入分为研发人员和研发经费两方面。因为高技术产业的技术研发与突破、产品推广与创新、企业管理与运营均离不开高素质的人才,因此,人力资源是推动高技术产业发展的根本力量,是高技术产业发展最为宝贵的资源,本研究用研发人员折合全时当量衡量高技术产业的研发人员投入;高技术的研发与突破需有研发经费做保障,为反映研发经费投入的实际使用情况,本研究选用研发经费内部支出来衡量研发经费的投入情况,同时,考虑到研发投入对产业影响的时滞效应,研发经费内部支出采用滞后一期值。

第二,经济发展水平。高技术产业发展的各阶段都离不开区域经济的支撑,区域的经济基础、消费结构、基础设施等对高技术产业发展的规模和速度具有直接影响,可以说,区域经济发展水平是发展高技术产业的重要基石,本研究选用人均生产总值来衡量经济发展水平。

第三,发展环境。产业发展离不开外在环境的影响,本研究只探讨高技术产业发展的技术市场环境和创新环境。成熟的技术市场有利于技术供需双方的沟通与合作,能够提高技术利用率和科技成果转化率,有利于提高技术创新效率,从而促进高技术产业的快速发展。此外,高技术产业的发展离不开良好的外在影响环境,良好的创新环境有利于整合区域内产业的创新资源,激发创新主体的积极性和提高产业创新能力,从而促进高技术产业的快速发展。本研究选用技术市场成交额和研发经费内部支出中政府资金的占比来分别衡量市场环境和创新环境。

第四,产业集聚度。高技术产业是知识和技术密集型产业,随着地区高技术企业数量的不断增加,高技术产业以及各行业间的合作与竞争程度也将越来越高,对产业间隐性知识的交流和传播具有促进作用,同时也加剧了企业间的竞争,迫使企业不断进行技术创新;产业集聚还能带来分工合作,降低配套成本和交易成本等,使企业获得成本优势。本研究用高技术企业数量来衡量区域高技术产业集聚情况。

第五,循环累积效应。著名经济学家缪尔达尔认为,社会中某一因素的改变将产生两个效果,即引发另一因素也随之发生改变,同时,另一因素的改变也会强化自身要素的发展,导致社会朝着最初因素变化的方向发展,表明社会经济各因素之间存在着循环累积的因果关系,会产生累积性的循环发展趋势。高技术产业的发展也不例外,会不断通过循环累计效应中的扩散效应和回波效应来影响下一期的发展,不断积累有利因素继续发展,这就形成了循环累积效应。

二、模型设定及变量说明

根据上面对有关影响因素的分析,本研究构建基于动态面板数据的计量模型,见公式(5-28)。其中被解释变量为高技术产业产值,用 HTZ 表示。解释变量中,循环累计效应用被解释变量的滞后一期表示,$FZSP$ 表示经济发展水平,$QSDL$ 表示研发人员全时当量,$YFJF$ 表示研究经费内部支出,$SCHJ$ 表示市场环境,$CXHJ$ 表示创新环境,$CYJJ$ 表示高技术产业集聚度,i 代表省(区、市),t 代表时间,α 为常数,μ 为个体效应,ε 代表随机扰动项。本研究所有数据取自然对数,用 ln 表示。

$$
\begin{aligned}
\ln HTZ_{it} = {} & \alpha + \beta_1 \ln HTZ_{i,t-1} + \beta_2 \ln FZSP_{it} + \beta_3 \ln QSDL_{it} \\
& + \beta_4 \ln YFJF_{it} + \beta_5 \ln SCHJ_{it} + \beta_6 \ln CXHJ_{it} \\
& + \beta_7 \ln CYJJ_{it} + \mu_i + \varepsilon_{it}
\end{aligned}
\tag{5-28}
$$

由于西藏地区数据缺失较多,故将其排除在样本之外,得到包含 30 个省(区、市)360 个有效样本的面板数据,数据来源于 2003—2014 年《中国高技术产业统计年鉴》《中国科技统计年鉴》《中国统计年鉴》以及各省(区、市)统计公报。

三、实证分析

(一)方法选择

关于动态面板数据的回归模型,可以使用差分 GMM、水平 GMM 和系统 GMM 进行估计。其中差分 GMM 是 Arellano 和 Bond(1991)为解决解释变量内生性问题而提出的,Arellano 和 Bover(1995)为解决差分 GMM 估计的弱工具变量问题在差分前的水平方程中增加新变量作为工具变量,称之为水平 GMM,而 Blundell 和 Bond(1998)提出了系统 GMM,即将差分 GMM 与水平 GMM 结合在一起以提高估计效率。本研究选用系统 GMM 来作为模型估计的方法。

(二)回归结果分析

本研究计量分析使用 Stata14.0 软件,分析结果经整理,见表5-7。

所有区域累计效应系数均为正,表明二者存在正相关关系。另外,除东北地区在 5% 的显著性水平上显著外，其余地区均通过了 1% 的显著性水平检验，表明我国高技术产业发展受往年产值影响较大，存在较强烈的循环累计效应。

所有区域的经济发展水平系数均为正，表明区域经济的确对高技术产业发展起正向促进作用，但各区域影响不一。东部地区的系数最小，为 0.0405，原因在于东部地区高技术产业发展已然形成基础和规模，更多表现为对区域经济的促进作用，而对区域经济的依赖较小。相反，西部地区区域经济发展较慢，对高技术产业的支撑作用还比较小。其余区域系数较大，表明高技术产业的发展同样离不开区域经济的支撑，其中，东北地区系数最大，为 0.4093，表明东北地区创新能力不足，高技术产业的发展更多依赖区域经济的支撑。另外，中部地区在 1% 的显著性水平上显著，而全国层面、西部地区和东部地区均通过了 10% 显著性水平检验。

研发人员全时当量的系数全为正，表明研发人员对高技术产业的发展同样具有正向作用，其中，东北地区系数最大，为 0.2197，表明研发人员对高技术产业发展的影响强度最大。另外，全国层面和中部地区在 1% 显著性水平下显著，而东北地区和西部地区分别通过了 5%、10% 的显著性水平检验。

研发经费方面，西部地区系数为 0.0229，表明具有正向作用，但作用比较小；其余区域均为负，说明研发经费支出与各地高技术产业发展具有负向作用，其原因在于只注重研发经费投入的增加，而忽略了研发经费的使用效率。同时，政府的研发经费投入对企业研发投入存在挤出效应，这与严成樑、朱明亮（2016）的研究相似。东部地区在 1% 的显著性水平上显著，而全国层面和中部地区在 5% 的显著性水平上显著。

市场环境的影响，整体上系数均比较小，表明对高技术产业发展的影响程度不高，并且中部地区的系数为负，可能原因是中部地区技术市场还不完善，成交额占比较低。东部地区和西部地区分别通过了 5%、10% 显著性水平检验。

创新环境方面，系数均为正，表明创新环境对高技术产业发展具有正向作用。其中，西部地区系数最小，为 0.0346，说明西部地区创新环境还有待于进一步完善。显著性方面只有东部地区通过了 1% 的显著性水平检验。

产业集聚系数均为正,表明产业集聚对高技术产业具有正向作用。其中,四大区域中东北地区系数最大,为 0.4020;西部地区最小,为 0.1461。另外,全国层面、东部地区和东北地区通过了 1% 的显著性水平检验,中部地区和西部地区在 5% 显著性水平上显著。

表 5-7   模型估计结果

变量	全国层面	东部地区	中部地区	西部地区	东北地区
$\ln HTZ_{i,t-1}$	0.8854*** (40.85)	0.7420*** (15.77)	0.7272*** (11.01)	0.8202*** (13.91)	0.3320** (2.04)
$\ln FZSP$	0.1179* (0.56)	0.0405 (0.83)	0.2573*** (2.76)	0.0806* (1.60)	0.4093* (1.80)
$\ln QSDL$	0.0587*** (5.04)	0.0718 (3.27)	0.1092*** (3.01)	0.0452* (1.80)	0.2197** (2.09)
$\ln YFJF$	-0.012** (-2.07)	-0.0305*** (-2.71)	-0.0425** (-2.51)	0.0229 (1.27)	-0.0037 (-0.16)
$\ln SCHJ$	0.0040 (0.73)	0.0357** (1.99)	-0.0701 (-1.63)	0.0378* (1.78)	0.0240 (0.31)
$\ln CXHJ$	0.2614 (1.30)	0.5167*** (2.73)	0.5527 (-0.99)	0.0346 (0.12)	0.8400 (1.02)
$\ln CYJJ$	0.1212*** (11.37)	0.1596*** (3.83)	0.2058** (2.54)	0.1461** (2.24)	0.4020*** (3.04)
$-$cons	-0.4358*** (-3.66)	0.7126* (1.81)	-1.3533 (-1.83)	-1.4243*** (-2.76)	-4.5807*** (-3.00)
Wald	63368.04***	3635.92***	6054.75***	5267.98***	399.55***
Sargan	28.01 (0.8625)	96.61 (0.8947)	76.17 (0.8262)	66.95 (0.3762)	29.83 (0.6257)
$AR(2)-p$ 值	0.208	0.337	0.402	0.407	0.514
估计方法	系统二步	系统一步	系统一步	系统一步	系统一步
样本量	360	120	72	132	36

注:*、**、*** 分别表示在 10%、5%、1% 的显著性水平上显著。括号内为 z 值,Sargan 括号外表示 χ^2,括号内为 p 值。

第六章　静态耦合下高技术产业的发展：
与区域经济协调发展

"协调"是指两个或两个以上系统或运动形式之间步调一致、配合得当,其本质是使系统之间或系统与系统要素之间能够有机结合,和谐一致,减少矛盾,实现组织发展的目标。越来越多的学者借助协调的思想来研究社会经济问题,陈基纯、陈忠暖(2011)对中国 35 个大中城市房地产业与区域经济协调度进行了实证分析;高楠、马耀峰(2014)利用 1993—2011 年中国省级面板数据,实证分析了旅游产业与区域经济协调关系的时空差异;谢守红、蔡海亚(2015)基于 2002—2011 年数据,对长三角地区物流产业与协调发展度进行了测算。

高技术产业与区域经济协调发展度分析的评价思路如图 6-1 所示。首先,构建高技术产业与区域经济两个系统的评价指标体系,以全面反映两个系统的发展情况;其次,对搜集的指标数据进行标准化处理,为评价奠定基础;再次,利用协调发展度模型对两个系统的协调程度进行实证测算。

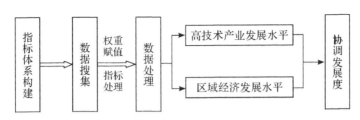

图 6-1　协调发展度分析评价思路

第一节　高技术产业与区域经济评价指标体系构建

一、指标选取原则

评价指标是实证分析高技术产业与区域经济协调发展度的基础,直接影响实证分析结果。因此,构建两个系统的综合评价指标体系具有重要基础作用。而衡量高技术产业和区域经济发展的指标有很多,要构建评价指标体系,既要借鉴现有研究的有关基础,又要充分结合高技术产业与区域经济各自系统的特点和功能,遵循目的性、客观性、科学性、系统性、简明性和动静结合等原则。

第一,目的性原则。研究的目的不同,选择的指标体系也应有所不同,这是所有有关评价指标选择的第一个原则。本研究在选取相关指标时,应紧紧围绕高技术产业与区域经济之间的协调关系进行,关系不大或没有关系的指标应剔除,由此建立的指标体系方能达到实证分析的目的。

第二,客观性原则。各指标体系的设计及评价指标的选择必须以客观性为原则,能客观真实地反映高技术产业和区域经济发展状况。同时,相关指标数据来源还应符合客观性,应考虑数据的可得性,避免主观性评价指标。

第三,科学性原则。高技术产业与区域经济各自系统评价指标体系必须遵循经济规律和产业发展规律,确立的指标必须是具有明确结论的定量指标,并且能从不同角度和侧面进行衡量和计算,坚持科学发展的原则。因此,必须以科学态度选取指标,提高评价的真实性和有效性。

第四,系统性原则。指标评价体系作为一个系统,应保持完整性,并且要完整地体现研究的目的。各指标的质量,指标间的逻辑关系、结构关系等要能形成一个整体,既相互独立又能彼此联系。同时,指标体系间也要有层次性,层次、结构、逻辑关系要清晰。

第五,简明性原则。应选取具有典型代表性的指标,能清楚表明研究意义即可,指标不宜过多过细、过于烦琐、相互重叠。同时,指标选取也不能过少过简,避免指标信息遗漏,出现错误、不真实现象。

第六，动静结合原则。高技术产业与区域经济系统间的协调关系既是静态的又是动态的，因此，在选取评价指标时，既要有能反映在一定时期内的稳定性指标，又要有能够反映两个系统动态发展趋势的指标，做到动静结合，以更完整、全面反映两系统的耦合关系。

二、指标体系的构建

从系统角度来看，指标体系是对所研究的对象进行抽象的概念模型，是将研究对象按照其本质属性和特征分解成行为化、可操作化的结构，是进行预测或评价研究的前提和基础。

（一）高技术产业系统的指标系统构建

有关高技术产业指标系统评价的研究，很多学者都进行了有益的探索。谢章澍、朱斌（2001）以协同理论为指导，从内生竞争力和外生竞争力两方面构建了高技术产业竞争力的量化指标；唐中赋、顾培亮（2003）在评价高新技术产业发展时构建了包含投入水平、产出水平、效益水平与潜力水平等 4 个一级指标和 16 个二级指标的评价体系；张日、周宗放（2010）针对高技术产业技术创新能力构建了一个包含创新活动、创新资源、创新产出和创新环境 4 个一级指标、8 个二级指标、22 个三级指标的评价体系；郑坚、丁云龙（2007）将高技术产业技术创新过程具体划分为技术产出和技术转化两个阶段，并从创新投入和创新产出两个维度分别构建了两个阶段的评价指标体系。此外，袁锐（2009）、陈文娟等（2014）、姚正海等（2014）分别对高技术产业效率、江苏省高技术产业科技竞争力和高技术服务业发展水平构建了评价指标体系。

本研究在借鉴现有研究成果的基础上，充分考量高技术产业与区域经济发展之间的相互关系，指标体系中除反映高技术产业对区域经济贡献的指标外，还包含区域经济对高技术产业发展的支撑能力指标。同时，为便于地区间比较，指标体系中既有绝对指标，也有相对指标。综合这些因素，并考虑指标选取的原则，本研究构建了产业投入水平、产业产出效益、产业创新能力、产业支持能力与发展潜力等 5 个一级指标、22 个二级指标的指标体系，如表 6-1 所示。其中，产出效益、创新能力以及发展潜力体现了高技术产业对区域经济的贡献，而投入水平和产业支持能力则代表了区域经济对高技术产业发展的支撑力度。

表 6-1　高技术产业系统评价指标体系

一级指标	二级指标	单位	指标类型	权重系数
产业投入水平 X_1	X_{11}:高技术产业 R&D 经费内部支出	亿元	正	0.050948
	X_{12}:高技术产业 R&D 人员全时当量	人年	正	0.053363
	X_{13}:R&D 经费内部支出占新产品销售收入的比重	%	正	0.037918
	X_{14}:高技术产业新增固定资产投资	亿元	正	0.054106
	X_{15}:R&D 机构人员占从业人员的比重	%	正	0.046703
产业产出效益 X_2	X_{21}:高技术产业总产值	亿元	正	0.037898
	X_{22}:高技术产业产值占地区 GDP 的比重	%	正	0.021825
	X_{23}:高技术产业产品出口交货值	亿元	正	0.031853
	X_{24}:高技术产业利税额	亿元	正	0.049095
	X_{25}:高技术产业利润额	亿元	正	0.046491
	X_{26}:技术市场成交额	亿元	正	0.050029
产业创新能力 X_3	X_{31}:新产品开发经费	亿元	正	0.050659
	X_{32}:新产品开发经费占新产品销售收入的比重	%	正	0.035289
	X_{33}:新产品销售收入	亿元	正	0.047648
	X_{34}:新产品销售收入占产值的比重	%	正	0.041403
	X_{35}:获批有效发明专利数	个	正	0.066755
产业支持能力 X_4	X_{41}:政府 R&D 经费投入占 R&D 经费内部支出比重	%	正	0.052868
	X_{42}:企业办研发机构数	个	正	0.063873
	X_{43}:高技术企业数	个	正	0.03181
发展潜力 X_5	X_{51}:R&D 经费内部支出增长率	%	正	0.035065
	X_{52}:高技术产业产值增长率	%	正	0.044333
	X_{53}:高技术产业固定资产投资占地区社会固定资产投资的比重	%	正	0.050068

注:"正"指的是正向指标;权重系数为全国层面数据的权重,篇幅所限,区域层面的权重系数未在表中列出。

指标体系的具体含义如下。

产业投入方面,高技术产业 R&D 经费内部支出是研究与开发机构用于本机构的内部实际支出,主要分为劳务费和仪器设备费等,R&D 经费内部支出与 R&D 人员全时当量是衡量 R&D 投入的主要指标,是绝对指标;R&D 经费内部支出占新产品销售收入的比重和 R&D 机构人员占从业人员的比重是国际上划分高技术产业的标准,是反映高技术产业资金和人力资源密集程度的指标,是相对指标;高技术产业新增固定资产投资代表地区对高技术产业发展的投资,是发展高技术产业的基础。

产业产出效益方面,高技术产业总产值、高技术产业产值占地区 GDP 的比重、高技术产业出口交货值、高技术产业利润、利税和技术市场成交额分别从不同方面反映高技术产业对地区经济发展的贡献。

产业创新能力方面,主要从新产品和专利两个方面来进行评价。新产品主要从产品的开发投入及市场价值两个维度来衡量,专利选取有效发明专利数而不选专利申请数,因为专利申请有授权和不授权两种结果,不能真正反映创新的成果和能力。

产业支持能力方面,政府 R&D 经费投入占 R&D 经费内部支出的比重是反映创新环境的一个指标,能够反映高技术产业的支持力度;企业办研发机构数反映企业研发能力的情况;企业是创新的主体,高技术企业数是反映地区发展高技术产业基础的指标。

发展潜力方面,主要从 R&D 经费内部支出增长率、高技术产业产值增长率和固定资产投资占地区社会固定资产投资的比重 3 个动态指标来反映地区高技术产业发展潜力和态势。

(二)区域经济系统指标体系构建

准确、系统、全面反映区域经济客观发展水平,构建科学、客观、全面的区域经济发展指标体系,既是衡量经济发展进程的需要,又是测度系统协调发展水平的基础和关键。近年来,众多学者已对区域经济指标体系进行了颇有成效的研究。李答民(2008)构建了有经济增长、经济结构、经济关系、经济制度和经济协调与可持续发展 5 个一级指标的评价体系;杨唤、陈学中(2009)从经济、社会、科学技术、人力资源、自然资源和生态环境 6 个方面构建了区域经济可持续发展的评价指标体系;刘阳(2009)从区域经济发展质量角度构建了一个有区域经济结构、区域经济效率、区域经济联系能力和区域经济福利、区域经济发展代价等5个一级指标、20个二级指标的指标体系;高秀丽(2013)构建了一个包含经济总量、经济结构和经济质量等3个一级指标、16个二级指标的体系,来反映区域经济的整体发展水平;胡忠俊等(2008)借鉴科学发展观的理念,构建了一个涵盖经济水平、经济潜力、对外开放、社会水平、社会潜力、生态环境、生态承载力、生态与经济协调、城乡协调和区域协调等10个方面120个具体指标的评价体系,是诸多文献中指标体系比较全面的一个。

总之,对区域经济发展指标的评价体系的研究很多,至今为止尚未形成一个得到大家广泛认可的评价体系,本研究在充分借鉴已有研究成果的基础上,充分结合区域经济与高技术产业两系统间的协调关系,构建了涵盖经济总量、经济结构、经济效益、经济发展潜力和经济发展代价5个一级指标、20个二级指标的评价体系,见表6-2。

表6-2 区域经济系统评价指标体系

一级指标	二级指标	单位	指标类型	权重系数
区域经济总量 Y_1	Y_{11}:区域国内生产总值	亿元	正	0.045636
	Y_{12}:工业总产值	亿元	正	0.047091
	Y_{13}:财政收入	亿元	正	0.051320
	Y_{14}:固定资产投资	亿元	正	0.053047
	Y_{15}:进出口总额	亿元	正	0.034811
区域经济结构 Y_2	Y_{21}:第二产业增加值占GDP比重	%	正	0.030713
	Y_{22}:第三产业增加值占GDP的比重	%	正	0.124520
	Y_{23}:消费支出占GDP的比重	%	正	0.060113
	Y_{24}:高技术产业出口额占地区出口额的比重	%	正	0.031321
	Y_{25}:高技术产业投资占区域固定资产投资比重	%	正	0.056896

一级指标	二级指标	单位	指标类型	权重系数
区域经济效益 Y_3	Y_{31}:人均国内生产总值	元	正	0.047381
	Y_{32}:人均财政收入	元	正	0.050918
	Y_{33}:城镇居民人均可支配收入	元	正	0.047772
	Y_{34}:农村居民人均纯收入	元	正	0.053108
区域经济发展潜力 Y_4	Y_{41}:GDP 增长率	%	正	0.054191
	Y_{42}:财政收入增长率	%	正	0.037281
	Y_{43}:高技术产业产值增长率	%	正	0.050379
	Y_{44}:R&D 经费内部支出增长率	%	正	0.035298
区域经济发展代价 Y_5	Y_{51}:万元地区生产总值能耗	吨标准煤/万元	负	0.048706
	Y_{52}:环境污染治理投资	亿元	负	0.039499

注:"正"指的是正向指标,"负"指的是负向指标。权重系数为全国层面数据的权重,受篇幅所限,区域层面的权重系数未在表中列出。

各指标体系具体含义如下。

区域经济总量方面,主要从区域国内生产总值、工业总产值、财政收入、固定资产投资和进出口总额等不同方面对区域经济进行衡量,其中进出口总额采用经营单位所在地标准。

区域经济结构方面,第二产业增加值占 GDP 比重用于衡量产业结构,第三产业增加值占 GDP 比重用于衡量产业高级化和现代化,消费支出占 GDP 的比重用于衡量消费在国民经济中的占比情况,高技术产业出口额占比和投资额占比主要针对高技术产业在总体产业结构中的占比情况。

区域经济效益方面,主要从人均国内生产总值、人均财政收入和城镇居民人均可支配收入、农村居民人均纯收入等方面来衡量。

区域经济发展潜力方面,主要从 GDP 增长率、财政收入增长率、高技术产业产值增长率和 R&D 经费内部支出增长率四个方面来衡量。

区域经济发展代价方面,万元地区生产总值能耗指一个地区生产每万元地区生产总值所消耗的能源(折算为标准煤),反映了经济发展与资源消耗的关系。环境污染治理投资是保护资源和控制环境污染所支出的资金总额,反映了一个国家或地区对环境的治理力度。

三、数据来源与处理

以上指标数据,来源于各年《中国高技术产业统计年鉴》《中国科技统计年鉴》《中国统计年鉴》《中国区域经济年鉴》以及中国经济与社会发展统计数据库等。为消除价格变动的影响,将相关指标折算成 2000 年不变价进行比较和计算。

第二节　高技术产业与区域经济协调发展度模型

一、功效函数

在测度高技术产业与区域经济两系统协调度之前,应首先计算两个子系统各自的综合发展水平。本研究主要采用线性加权法对样本期内特定年份两个子系统的综合评价水平进行计算,具体公式如下:

$$U_i = \sum_{j=1}^{m} \lambda_{ij} u_{ij}, \sum_{j=1}^{m} \lambda_{ij} = 1 \tag{6-1}$$

公式(6-1)中,U_i 为第 i 个系统对总系统的总序参量,这里 $i=1,2$ 分别指高技术产业系统和区域经济系统;u_{ij} 为变量 X_{ij} 对系统功效的贡献大小,称为功效系数,λ_{ij} 为各序参量的权重。

由于子系统中评价指标的单位不同,需对指标进行无量纲化处理,以确定功效系数 u_{ij},具体采用极差标准化方法。

当 u_{ij} 为正向指标时:

$$u_{ij} = \frac{X_{ij} - \min(X_{ij})}{\max(X_{ij}) - \min(X_{ij})} \tag{6-2}$$

当 u_{ij} 为负向指标时:

$$u_{ij} = \frac{\max(X_{ij}) - X_{ij}}{\max(X_{ij}) - \min(X_{ij})} \tag{6-3}$$

公式(6-2)、(6-3)中,X_{ij} 为 i 系统中第 j 项指标的值($i=1,2;j=1,2,\cdots,m$)。经上述标准化后,$u_{ij} \in [0,1]$。u_{ij} 越趋于 0,表示 u_{ij} 对系统功效的贡献越

小;越趋近于1,表示u_{ij}对系统功效的贡献越大。$\max(X_{ij})$和$\min(X_{ij})$为变量X_{ij}的最大值和最小值,也称为系统稳定的临界点。

二、权重的确定方法

权重λ_{ij}的确定方法有主观评价法、客观评价法和综合评价法。主观评价法方面,霍影(2012)利用德尔菲法对中国 31 个省(区、市)战略性新兴产业集群与区域经济空间耦合发展效率进行了实证测度。客观评价法方面,徐玉莲等(2011)运用熵值法对我国各省(区、市)科技创新与科技金融耦合协调度进行了实证分析。综合评价法是将主观评价法与客观评价法相结合,既可以反映决策者的经验信息,又能够反映实际数据的信息,使得评价结果更合理和客观,高志刚、华淑名(2015)运用此种方法测度了新疆新型城镇化与新型工业化的耦合协调程度。

确定评价指标权重是多指标综合评价中最关键、最重要的一个环节,因为指标权重不同,评价结果可能会出现天壤之别。主观赋权法主要是根据专家自身经验的主观判断给出,这种方法虽然考虑比较全面,但难免会带有一定程度的主观臆断性,客观性较差。而客观赋权法主要依据一定的定量方法计算所得,相对比较客观,但某些客观赋权法也存在一定的局限性。如谭伟(2011)在测度社会保障与区域经济耦合协调度时利用了主成分分析法(principal components analysis),这种方法的前提是各指标间要有较高的相关性,并且由这种方法决定的权重系数受到选用指标数量的影响。某一方面的指标选用越多,则其计算出的权重系数就越大。为尽量减少权重确定过程中的主观影响及客观局限,本研究选择客观评价法中的变异系数法(coefficient of variation method)对评价指标赋权,评价指标的基础是各指标的原始数据,能够避免人为主观判断的影响。

第一步:指标原始数据的无量纲化处理。

具体应用公式(6-2)和(6-3)。

第二步:计算标准化后数据的均值和标准差。

$$P_j = \frac{1}{n}\sum_{i=1}^{n}u_{ij} \qquad\qquad (6\text{-}4)$$

$$\sigma_j = \sqrt{\frac{\sum_{i=1}^{n}(u_{ij} - P_j)^2}{n}} \tag{6-5}$$

第三步：计算变异系数。

$$V_j = \frac{\sigma_j}{P_j} \tag{6-6}$$

第四步：计算指标权重。

$$w_j = \frac{V_j}{\sum_{j=1}^{m} V_j} \tag{6-7}$$

三、距离型协调度模型

距离型协调度模型主要是借鉴物理学容量耦合（capacitive coupling）的概念以及容量耦合数学模型。多个系统相互作用的耦合度模型为：

$$C = n[U_1 \times U_2 \times \cdots \times U_n / \prod(U_i + U_j)]^{1/n} \tag{6-8}$$

高技术产业与区域经济作为两个子系统耦合时，耦合度函数为：

$$C = 2[U_1 \times U_2 / (U_1 + U_2)(U_1 + U_2)]^{1/2} = 2(U_1 \times U_2)^{\frac{1}{2}} / (U_1 + U_2) \tag{6-9}$$

上式中，U_1、U_2分别为两个子系统的综合评定值，C为高技术产业与区域经济系统协调度值，反映其相互协调的程度，显然$C \in [0,1]$。$C = 0$，说明协调度极小，高技术产业与区域经济所组成的系统处于无关状态，系统将向无序发展；当$C \in [0, 0.3)$，系统处于低水平协调阶段；当$C \in [0.3, 0.5)$，系统处于拮抗协调阶段；当$C \in [0.5, 0.8)$，系统处于良性协调阶段；当$C \in [0.8, 1]$，系统处于高水平协调阶段。

耦合度模型只关注系统间的同步性和一致性，难以体现系统间的发展水平（刘娜娜等，2015）。这是该模型的一个缺陷，即当U_1、U_2分值较低但比较接近时，尽管C值很高，但两个子系统其实都处于较低的水平，出现了"伪协调"的情况。比如，当U_1、U_2的值均为0.0001时，$C = 1$；当U_1、U_2分别为0.1、0.9时，$C = 0.6$。

四、协调发展度模型

协调度模型仅仅反映了高技术产业与区域经济两系统之间相互作用强弱的表面特征,难以揭示两者协调发展程度的本质,同时,为避免出现"伪协调"情况,需要构造一个"纳含定性的定量"模型,即协调发展度模型,以既能考虑子系统的实际发展水平以及对系统有序度贡献情况,又能匹配复合系统的现实经济意义。

具体计算公式如下:

$$\begin{cases} D = \sqrt{C \times T} \\ T = \alpha_1 U_1 + \alpha_2 U_2 \end{cases} \qquad (6\text{-}10)$$

上式中,D 为协调发展度,T 为反映高技术产业与区域经济两者整体协同效应或贡献的综合评价指数,U_1、U_2 分别为高技术产业和区域经济综合发展指数,α_1、α_2 为待定系数,主要依据两个子系统间相互作用的大小而定。具体在高技术产业与区域经济关系中,高技术产业发展一定能够带动区域经济增长,但区域经济增长是由多种因素共同推动的结果,因此,区域经济发展对高技术产业的支撑作用比较大,笔者在对 20 位专家进行访谈并打分后,令 $\alpha_1 = 0.42$,$\alpha_2 = 0.58$。

根据公式 6-10 可知,t 年内两系统的协调发展度模型为:

$$D = \frac{1}{t} \sum_{k=1}^{t} D_k \qquad (6\text{-}11)$$

D 的取值反映出高技术产业系统与区域经济系统的协调水平,其值介于 0 和 1 之间,为清晰判定高技术产业与区域经济两系统间协调发展程度,借鉴廖重斌(1999)的研究,将复合系统协调度等级划分,如表 6-3 所示。

在此基础上,对高技术产业与区域经济综合发展水平进行评价时,总体上两者耦合协调度各等级可细分为三种类型。

$U_1 > U_2$,表明区域经济发展滞后,高技术产业系统比区域经济系统发展得好;

$U_1 = U_2$,表明高技术产业与区域经济两系统同步发展;

$U_1 < U_2$,表明高技术产业发展滞后,区域经济系统比高技术产业系统发展得好。

表 6-3　协调发展度等级

协调发展度 D 区间	协调等级	协调发展度 D 区间	协调等级
[0.0,0.1)	极度失调	[0.5,0.6)	勉强协调
[0.1,0.2)	严重失调	[0.6,0.7)	初级协调
[0.2,0.3)	中度失调	[0.7,0.8)	中级协调
[0.3,0.4)	轻度失调	[0.8,0.9)	良好协调
[0.4,0.5)	濒临失调	[0.9,1.0]	优质协调

第三节　高技术产业与区域经济协调发展度测算

利用上述的协调发展度模型及均方差赋权法,本节分全国整体维度和四大区域维度,对 2002—2013 年高技术产业与区域经济系统协调发展度进行测算,并做对比分析。

一、中国整体层面高技术产业与区域经济协调发展度分析

以表 6-1 和表 6-2 的评价指标体系为基础,通过变异系数法求得的各指标权重已列于表中,权重系数保留了 6 位小数,继而求得 2002—2013 年全国层面高技术产业与区域经济协调发展度,如表 6-4 所示。

表 6-4　2002—2013 年全国层面高技术产业与区域经济协调发展度结果

年份	U_1	U_2	C	T	D	协调等级
2002	0.1420	0.2569	0.957618	0.208642	0.446989	濒临失调
2003	0.1455	0.2393	0.969835	0.199904	0.440311	濒临失调
2004	0.1761	0.2697	0.977652	0.230346	0.474550	濒临失调
2005	0.2023	0.2837	0.985874	0.249512	0.495971	濒临失调
2006	0.2474	0.3384	0.987861	0.30018	0.544551	勉强协调
2007	0.2985	0.4934	0.969240	0.411542	0.631572	初级协调
2008	0.3422	0.3496	0.999943	0.346492	0.588619	勉强协调
2009	0.4444	0.3957	0.998318	0.416154	0.644557	初级协调

年份	U_1	U_2	C	T	D	协调等级
2010	0.4555	0.4789	0.999686	0.469072	0.684781	初级协调
2011	0.6449	0.5454	0.996500	0.58719	0.764941	中级协调
2012	0.7959	0.5845	0.988204	0.673288	0.815687	良好协调
2013	0.8519	0.6081	0.985959	0.710496	0.836971	良好协调
均值	0.3955	0.4036	0.984724	0.400235	0.614125	初级协调

在表 6-4 中,协调度 C 有近一半年份逼近 0.99,处于高协调阶段,为加强区分度,协调度 C、综合评价指数 T 和协调发展度 D 保留 6 位小数。另外,高比例协调度的出现也在客观上表明高技术产业对区域 GDP 的优势引领贡献。2002—2013 年高技术产业的综合发展水平 U_1 呈不断上升态势,2008 年后上升幅度大幅增加;区域经济的综合发展水平 U_2 除 2003 年下降外,其余年份均不断平稳上升。高技术产业与区域经济发展水平比较方面,2002—2008 年 $U_1 < U_2$,表明高技术产业发展滞后,区域经济系统比高技术产业系统发展好;2009 年开始,$U_1 > U_2$,表明高技术产业发展水平开始超过区域经济发展水平,表明受国际金融危机影响,我国更加注重产业结构调整,同时在多方面利好政策促进下,高技术产业得到较快发展,对区域经济的贡献越来越大。

2002—2013 年高技术产业系统的发展水平均值为 0.3955,区域经济系统的发展水平均值为 0.4036,协调发展度的平均值为 0.614125,表明高技术产业与区域经济整体发展水平接近同步,高技术产业系统的发展水平略微低于区域经济系统的发展水平,整体协调发展度属于初级协调区间,上升空间依然很大。

全国层面高技术产业与区域经济协调发展度整体上呈不断上升态势,但 2002—2005 年属于濒临失调区间,其中 2003 年协调度比 2002 年略有下降;2008 年受国际金融危机影响,区域经济系统发展水平下降近 30%,使得协调发展度由 2007 年的 0.631572 下降到 0.588619,由初级协调变成了勉强协调;2011 年协调发展度为 0.764941,达到中级协调区间,2012 年开始进入良好协调区间,表明高技术产业与区域经济系统发展保持了较强的同步性。同时,由图 6-2 可知,2002—2005 年,高技术产业与区域经济协调发展度发展相对缓慢,2008年后发展势头很快,相继进入初级、中级和良好协调状态,这主要是得益于高技术产业的快速发展。

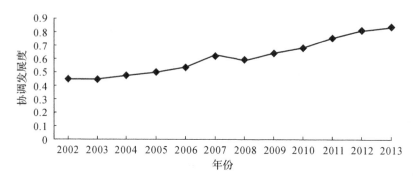

图 6-2　全国层面协调发展度态势

二、四大经济区域协调发展度分析

在分析完全国层面高技术产业与区域经济的协调发展度后,我们再从区域维度来具体分析两者间的协调发展度情况,并加以对比分析。

(一)东部地区

《中国统计年鉴 2014》数据显示,2013年东部地区以占全国 38% 的人口,创造了全国 56.7% 的地区生产总值,60.5% 的第二产业增加值(工业增加值为全国的 63.7%),57.7% 的第三产业增加值,人均国内生产总值为 62100 元,是全国人均水平的 1.5 倍;东部的地方财政收入占全国地方财政收入的 53.3%,全社会固定资产投资占全国的 40.6%,进出口总额更是占全国的 83.5%;R&D 经费内部支出占全国的 66.9%,R&D 人员全时当量占全国的 64.7%。由此可见,东部地区是我国经济最为发达的地区。

利用协调发展度及变异系数法的计算模型,2002—2013 年东部地区高技术产业与区域经济协调发展度的计算结果如表 6-5 所示。

表 6-5 2002—2013 年东部地区高技术产业与区域经济协调发展度结果

年份	U_1	U_2	C	T	D	协调等级
2002	0.1089	0.2233	0.938834	0.175252	0.405626	濒临失调
2003	0.1444	0.3033	0.934895	0.236562	0.470277	濒临失调
2004	0.2071	0.3423	0.969248	0.285516	0.526057	勉强协调
2005	0.2415	0.3985	0.969444	0.332560	0.567801	勉强协调
2006	0.2871	0.4084	0.984674	0.357454	0.593275	勉强协调
2007	0.3180	0.4396	0.987035	0.388528	0.619266	初级协调
2008	0.3790	0.4050	0.999450	0.394080	0.627585	初级协调
2009	0.4816	0.4421	0.999085	0.458690	0.676957	初级协调
2010	0.4904	0.5418	0.998759	0.520212	0.720810	中级协调
2011	0.6806	0.6093	0.998471	0.639246	0.798917	中级协调
2012	0.8349	0.6254	0.989656	0.713390	0.840244	良好协调
2013	0.8674	0.6556	0.990283	0.744556	0.858674	良好协调
均值	0.4201	0.4496	0.979986	0.437171	0.642124	初级协调

由表 6-5 可知,2002—2013 年东部地区高技术产业与区域经济各自系统的发展水平 U_1、U_2 均呈上升态势,其中,2002—2008 年,$U_1 < U_2$,表明高技术产业发展滞后,区域经济系统比高技术产业系统发展好;2009—2013 年,$U_1 > U_2$,表明高技术产业发展水平开始超过区域经济发展水平。同时,2002—2013 年高技术产业系统的发展水平均值为 0.4201,区域经济系统的发展水平均值为 0.4496,均比全国层面要高,协调发展度的均值为 0.642124,比全国层面高近 0.03。

协调发展度方面,整体上 D 值呈现不断上升态势,除 2002 年、2003 年高技术产业与区域经济处于濒临失调区间外,其余年份两系统均处于协调状态。由图 6-3 可知,东部地区协调发展度 D 值在 2002—2013 年可细分为三个阶段。第一阶段:2002—2006 年,该阶段协调发展度值由 0.405626 上升到 0.593275,即由濒临失调区间进入勉强协调阶段;第二阶段:2007—2011 年,经历初级协调后迅速进入中级协调区间,协调发展度值年均增长 6.57%;第三阶段:2012 年、2013 年,此时系统处于良好协调区间,并且发展比较平稳,2013 年协调发展度值比 2012 年增加了不到 0.02。2002—2013 年协调发展度均值为0.642124,属于初级协调区间。

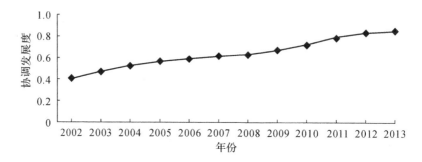

图 6-3　东部地区协调发展度态势

（二）中部地区

中部地区作为我国重要的装备制造业基地、能源原材料基地、粮食生产基地和综合交通运输枢纽,在我国区域发展格局中具有重要战略地位。然而,总体上中部地区还属于欠发达地区,经济发展水平与其战略地位很不相称,很多经济学者将中部地区的发展现状描述为"中部塌陷"。为促进区域间共同发展,加强与东部沿海地区及西部地区的交流合作,增强中部地区发展动力和活力,实现区域间优势互补,2009 年国务院实施了《促进中部地区崛起规划》,以期进一步发挥中部地区比较优势,增强对全国发展的支撑能力。

据《中国统计年鉴 2014》显示,2013 年中部六省生产总值总量已达127305.6 亿元,占全国生产总值的 22.4%,按 2000 年不变价计算,2002—2013 年 GDP 年平均增长 13.3%;第二产业产值、第三产业增加值分别占全国的 21.6%、17.5%;固定资产投资、R&D 经费内部支出和 R&D 人员全时当量分别占全国的 24%、15%、17%,进出口总额占全国的份额较小,仅为 5.27%。

利用协调发展度及变异系数法的计算模型,2002—2013 年中部地区高技术产业与区域经济协调发展度的计算结果如表 6-6 所示。

表 6-6　2002—2013 年中部地区高技术产业与区域经济协调发展度结果

年份	U_1	U_2	C	T	D	协调等级
2002	0.0618	0.1809	0.871312	0.130878	0.337692	轻度失调
2003	0.0718	0.1526	0.932925	0.118664	0.332723	轻度失调
2004	0.0887	0.1788	0.941568	0.140958	0.364310	轻度失调
2005	0.1481	0.2700	0.956553	0.218802	0.457489	濒临失调
2006	0.1692	0.3361	0.943876	0.266002	0.501072	勉强协调
2007	0.2038	0.3220	0.974405	0.272356	0.515155	勉强协调
2008	0.2364	0.3671	0.976267	0.312206	0.552084	勉强协调
2009	0.3808	0.4395	0.997436	0.414846	0.643259	初级协调
2010	0.3655	0.5073	0.986714	0.447744	0.664677	初级协调
2011	0.5437	0.6139	0.998160	0.584416	0.763767	中级协调
2012	0.7069	0.6996	0.999987	0.702666	0.838246	良好协调
2013	0.8806	0.7357	0.995973	0.796558	0.890702	良好协调
均值	0.3214	0.4003	0.964598	0.367175	0.571765	勉强协调

由表 6-6 可知，2004 年前中部地区高技术产业系统发展水平比较低，U_1 不到 0.1，与 2010 年相比 2009 年略有下降，此后发展速度很快，2013 年达 0.8806；区域经济发展水平方面，除 2003 年、2007 年稍有下降外，其余年份均呈上升态势，并且在 2002—2011 年间，$U_1 < U_2$，表明高技术产业发展滞后，区域经济系统比高技术产业系统发展好；2012 年开始，$U_1 > U_2$，表明高技术产业发展水平开始超过区域经济发展水平。

协调发展度方面，总体上呈不断上升态势，其中，2002—2004 年属于轻度失调区间，2005 年为濒临失调区间，2006—2008 年为勉强协调区间，2009 年后协调发展度值大于 0.6，进入匹配耦合阶段。由图 6-4 可知，2007 年开始，协调发展度值增长较快，并且在 2009 年进入初级协调阶段，可见国家出台的《促进中部地区崛起规划》在促进中部地区高技术产业发展尤其是区域经济发展方面确实起到了重要作用。同时，2012 年、2013 年高技术产业与区域经济系统间能进入良好协调区间，主要得益于高技术产业的贡献。2002—2013 年协调发展度均值为 0.571765，属于勉强协调区间。

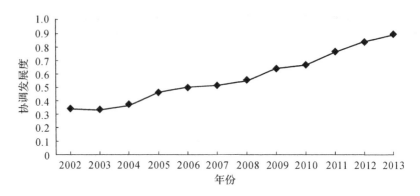

图 6-4　中部地区协调发展度态势

（三）西部地区

自 2000 年国家实施"西部大开发战略"以来，西部地区在经济发展方面取得了突出的成就。按 2000 年不变价计算，2013 年生产总值是 2002 年的 4.57 倍，高于全国的 3.44 倍；2013 年第二产业产值是 2002 年的 7.52 倍，远高于全国 4.58 倍；2013 年第三产业增加值占全国的 18.29％，比 2002 年的 15.55％高出近 3 个百分点。进出口总额由 2002 年占全国的 3.32％增加到 2013 年的 6.66％，翻了一番。经济发展新常态下，西部地区应充分利用自身拥有的丰富的矿产资源、土地资源、水能资源和旅游资源等，大力发展劳动密集型产业和资源密集型产业，积极实施创新驱动战略，增强地区竞争力，使西部地区能够保持可持续健康发展。

利用协调发展度及变异系数法的计算模型，西部地区高技术产业与区域经济协调发展度的计算结果如表 6-7 所示。

由表 6-7 可知，西部地区高技术产业的综合发展水平 U_1 呈"先降后升"发展态势，由 2002 年的 0.2000 一路下降到 2005 年的 0.1178，此后虽在 2008 年、2010 年有所下降，但总体上升态势并未改变，并且 2011 年后发展速度惊人，由 0.4896 上升到 2013 年的 0.8488，上升了 73.4％；西部地区经济综合发展水平 U_2 在 2002—2005 年属于发展水平较低阶段，综合值小于 0.2，2005—2008 年属于起步阶段，综合值由 2005 年的 0.2756 上升到 2008 年的 0.3379，发展水平不断上升，2009—2013 年属于快速发展阶段，2013 年的综合发展水平值达 0.7613，比 2009 增加了 56.3％。另外，在 2002—2011 年，$U_1 < U_2$，

表明高技术产业发展滞后,区域经济系统比高技术产业系统发展好,2012年,U_1略微大于U_2,2013年,$U_1 > U_2$,表明高技术产业发展水平开始超过区域经济发展水平。同时,2002—2013年高技术产业系统与区域经济系统综合发展水平均值分别为0.3365、0.4035,发展水平不高,且低于全国和东部地区水平,但高于中部地区。

表 6-7　2002—2013 年西部地区高技术产业与区域经济协调发展度结果

年份	U_1	U_2	C	T	D	协调等级
2002	0.2000	0.1897	0.999651	0.194026	0.440407	濒临失调
2003	0.1323	0.1885	0.984535	0.164896	0.402922	濒临失调
2004	0.1507	0.1746	0.997297	0.164562	0.405114	濒临失调
2005	0.1178	0.2756	0.916026	0.209324	0.437888	濒临失调
2006	0.1815	0.2870	0.974316	0.242690	0.486268	濒临失调
2007	0.2448	0.3474	0.984877	0.304308	0.547454	勉强协调
2008	0.2299	0.3379	0.981744	0.292540	0.535910	勉强协调
2009	0.3788	0.4870	0.992160	0.441556	0.661887	初级协调
2010	0.3597	0.4863	0.988740	0.433128	0.654409	初级协调
2011	0.4896	0.6084	0.994130	0.558504	0.745134	中级协调
2012	0.7043	0.6978	0.999989	0.700530	0.836972	良好协调
2013	0.8488	0.7613	0.998522	0.798050	0.892676	良好协调
均值	0.3365	0.4035	0.984332	0.375343	0.587254	勉强协调

协调发展度方面,总体上呈不断上升态势,其中 2002—2006 年属于濒临失调区间,2007 年、2008 年为勉强协调区间,2009 年后协调发展度值大于 0.6,进入匹配耦合阶段,见图 6-5。2009 年、2010 年协调发展度值分别为 0.661887、0.654409,属于初级协调阶段。2011 年协调发展度为 0.745134,系统进入中级协调区间。2012 年开始,系统协调发展度迅速进入良好协调阶段,这主要是源于 2012 年、2013 年西部地区高技术产业的快速发展,可见西部地区高技术产业的发展已对区域经济产生了积极的助推作用。

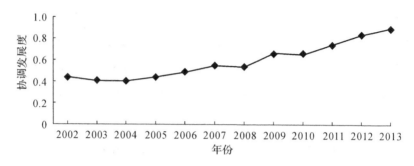

图 6-5　西部地区协调发展度态势

（四）东北地区

东北地区作为我国的重工业基地,为我国经济发展尤其是在计划经济时期做出了突出贡献。2012 年以来,东北地区无论是从经济总量占全国的比重还是从其经济增速看,都出现了增长乏力甚至局部塌陷的情况(张于喆,2015)。东北地区 2013 年生产总值占全国的比重为 9.57％,比 2002 年的 9.62％略有下降,2013 年第三产业增加值占全国的比重为 8.03％,比 2002 年的 8.71％有所下降。按 2000 年不变价计,2013 年的进出口总额是 2002 年的 3.28 倍,不仅低于东部地区,甚至低于中部和西部地区;R&D 经费内部支出,2013 年是 2002 年的 5.87 倍,也是全国区域中最低的。在经济发展新常态下,如何制定有效的区域发展政策,破解东北地区体制性、结构性问题,培育和完善东北地区经济增长点,实现东北地区经济转型发展和再度崛起,不仅对于东北地区,而且对于全国的改革发展,都有非常重要的现实意义。

我们仍然利用协调发展度及变异系数法的计算模型,对东北地区 2002—2013 年协调发展度进行计算,结果如表 6-8 所示。

由表 6-8 可知,东北地区高技术产业发展综合水平在曲折中上升,2002—2004 年不断下降,2004 年最低时综合值仅为 0.1076,此后,2006 年、2010 年也都有不同程度的下降,并且 2002—2013 年综合发展水平的均值为 0.3766,低于全国层面和东部地区水平;经济综合发展水平方面,2002—2006 年呈下降态势,2007—2010 年发展态势较好,由 0.3789 一直上升到 0.5917,上升了 56.2％,2011—2013 年发展较为平稳,这反映出东北地区经济发展的确面临很严峻的挑战。

表 6-8 **2002—2013 年东北地区高技术产业与区域经济协调发展度结果**

年份	U_1	U_2	C	T	D	协调等级
2002	0.1848	0.3269	0.960667	0.267218	0.506663	勉强协调
2003	0.1740	0.2970	0.965299	0.245340	0.486648	濒临失调
2004	0.1076	0.2659	0.905742	0.199414	0.424991	濒临失调
2005	0.1820	0.2886	0.974007	0.243828	0.487330	濒临失调
2006	0.1471	0.2866	0.946858	0.228010	0.464643	濒临失调
2007	0.3121	0.3789	0.995316	0.350844	0.590932	勉强协调
2008	0.3424	0.4209	0.994698	0.387930	0.621187	初级协调
2009	0.5059	0.5083	0.999997	0.507292	0.712243	中级协调
2010	0.4467	0.5917	0.990203	0.530800	0.724982	中级协调
2011	0.6449	0.6278	0.999910	0.634982	0.796822	中级协调
2012	0.7157	0.6257	0.997747	0.663500	0.813637	良好协调
2013	0.7560	0.6385	0.996444	0.687850	0.827891	良好协调
均值	0.3766	0.4381	0.977241	0.412251	0.621498	初级协调

东北地区协调发展度态势见图 6-6。2002 年协调发展度值为 0.506663,属于勉强协调区间,此后协调发展度值下降并且几经波动,一直到 2006 年均属于濒临失调区间;2006—2010 年,协调发展度不断上升,先后跨越濒临协调区间、初级协调区间,进入中级协调区间;2011—2013 年虽属中级和良好协调阶段,但总体上协调发展度增长比较平稳,说明东北地区高技术产业和区域经

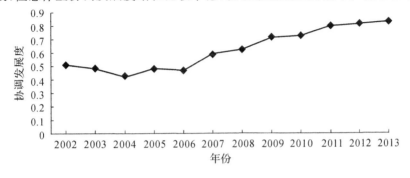

图 6-6 东北地区协调发展度态势

济两系统在此期间发展比较缓慢,增长速度有所下降。

（五）对比分析

上面分区域的解析为区域间对比分析奠定了基础,并且通过对比分析更能看出各区域间发展的差异性。全国层面及四大经济区域协调发展度对比分析详见表 6-9。

表 6-9　协调发展度对比分析

协调程度	全国层面		东部地区		中部地区		西部地区		东北地区	
	年份	年数	年份	年数	年份	年数	年份	年数	年份	年数
轻度失调	—		—		2002—2004	3	—		—	
濒临失调	2002—2005	4	2002 2003	2	2005	1	2002—2006	5	2003—2006	4
勉强协调	2006 2008	2	2004—2006	3	2006—2008	3	2007 2008	2	2002 2007	2
初级协调	2007 2009 2010	3	2007—2009	3	2009 2010	2	2009 2010	2	2008	1
中级协调	2011	1	2010 2011	2	2011	1	2011	1	2009—2011	3
良好协调	2012 2013	2	2012 2013	2	2012 2013	2	2012 2013	2	2012 2013	2

由表 6-9 可知,只有中部地区经历过轻度失调,并且持续了 3 年时间,这一方面是因为该期间中部地区区域经济综合发展水平不高;另一方面,更重要的是因为高技术产业处于起步阶段,综合发展水平值在 0.1 以下,是各区域中最低的。濒临失调方面,西部地区经历时间最长,为 5 年,其次是全国层面和东北地区,为 4 年,而中部地区只有 2005 年一年。勉强协调方面,各区域大体相当,东部地区和中部地区各 3 年,其余为 2 年。初级协调方面,全国层面和东部地区 2007 年率先进入,并且均经历 3 年,而东北地区只有 2008 年一年。中级协调方面,东北地区经历了 3 年,东部地区为 2 年,其余地区为 1 年。良好协调方面,尽管各区域协调发展度值有所不同,但所有区域均在 2012 年、2013 年达到良好协调区间。

图 6-7 是全国层面及四大经济区域协调发展度对比分析图,从中我们可以看出,各区域协调发展度均呈上升态势,并且区域间的差距有缩小的趋势。东部地区在 2004 年率先进入勉强协调区间,而中部地区是在 2006 年,西部和东北地区[①]是在 2007 年。进入初级协调阶段,东部地区是 2007 年,东北地区是 2008 年,而中部和西部地区均是 2009 年。中级协调阶段,东北地区率先在 2009 年进入,东部地区次之,是 2010 年,而中部和西部地区均是在 2011 年。良好协调阶段,四大经济区域均是在 2012 年进入,尽管协调度有所差异。

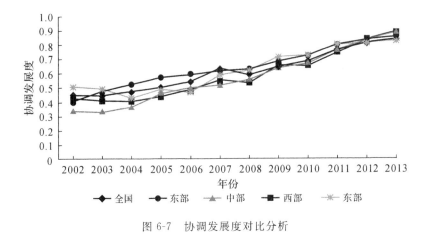

图 6-7　协调发展度对比分析

表 6-10 是四大经济区域协调发展度排序表。从中可知,东部地区除 2002 年、2013 年排名不理想外,其余年份均处于前两位,并且有 7 年居第一位,占 58.3%;中部地区排名末位的有 5 年,排名第三位的有 4 年,从 2010 年开始排名呈上升态势;西部地区排名末位的有 4 年,排名第三位的有 6 年,2011 年开始排名不断上升,2013 年排至第一位;东北地区排名第一位的有 4 年,排名第二位的有 5 年,排名末位的有 3 年,并且从 2010 年开始,排名不断下降,2012 年、2013 年均处于末位。

---

①　东北地区 2002 年属于勉强协调,但此后一直下降,直到 2007 年协调发展值才超过 0.5,重新进入勉强协调区间。

表 6-10　2002—2013 年四大经济区域协调发展度排序

年份	东部地区	中部地区	西部地区	东北地区
2002	3	4	2	1
2003	2	4	3	1
2004	1	4	3	2
2005	1	3	4	2
2006	1	2	3	4
2007	1	4	3	2
2008	1	3	4	2
2009	2	4	3	1
2010	2	3	4	1
2011	1	3	4	2
2012	1	2	3	4
2013	3	2	1	4

第七章 动态耦合下高技术产业的发展：与区域经济共同演化

协调发展度模型在测度高技术产业与区域经济间关系方面为我们提供了一个新视角，同时，也为从区域维度分析两者间关系奠定了基础。但我们也清楚地认识到，协调发展度模型只能客观反映研究期限内的协调关系，对高技术产业与区域经济互动关系的演变态势不能给予很好的解释和研判，为此，我们需要从动态演化视角出发，具体分析高技术产业与区域经济间动态关系。

第一节 理论模型建立

在评价两个系统动态互动关系方面，可借助动态耦合模型，该模型是基于一般系统论中系统演化的思想而建立的，近年来其应用也越来越广泛，受到许多学者的青睐。乔标、方创琳(2005)在分析城市化与生态环境间动态演进关系的基础上，对河西走廊地区1985—2003年间城市化与生态环境动态耦合规律进行了实证分析；李莉、胡玉洲(2014)构建了2000—2010年广东省公共图书馆与区域经济协调发展的动态耦合模型并进行了实证分析；刘书明等(2014)利用动态耦合模型对我国2002—2011年海洋生态文明和经济社会耦合关系进行了定量分析；姚文捷、赵连阁(2014)以浙江畜禽养殖业为研究对象，基于1978—2012年数据建立了畜禽养殖业环境负荷与经济增长的动态耦合模型并进行了实证测度。

通过第四章的分析可知，高技术产业与区域经济间存在着相互促进、相互作用的关系，因此，可借用一般系统论中系统演化的思想来对两者间的关系进行分析。高技术产业与区域经济构成的复合系统具有耦合属性，具有时变的动态演化特征，并且变化过程是非线性的，其演化方程可以描述为：

$$\frac{\mathrm{d}x(t)}{\mathrm{d}t} = f(x_i), i = 1, 2, \cdots, n \tag{7-1}$$

其中，$f(x_i)$ 为 x_i 的非线性函数。根据非线性系统运动的性质，及其稳定性取决于一次非近似系统特征根，我们可在确保运动稳定性的前提下，将其在原点附近按泰勒级数展开，如公式（7-2）所示。

$$\frac{\mathrm{d}x(t)}{\mathrm{d}t} = f(x_i) = f(0) + \sum_{i=1}^{n} a_i x_i + g(x_i), i = 1, 2, \cdots, n \tag{7-2}$$

公式（7-2）中，$f(0) = 0$ 为 $f(x_i)$ 偏导函数在原点处的偏导数，$g(x_i)$ 为不低于二次方的解析函数。根据李雅普诺夫第一近似定理（朱美玉，尤晓琳，2009），上式可化简为：

$$\frac{\mathrm{d}x(t)}{\mathrm{d}t} = f(x_i) = \sum_{i=1}^{n} a_i x_i, i = 1, 2, \cdots, n \tag{7-3}$$

因此，可建立高技术产业（HT）与区域经济（RE）两个系统变化过程的一般函数为：

$$f(HT) = \sum_{i=1}^{m} a_i x_i \tag{7-4}$$

$$f(RE) = \sum_{j=1}^{n} b_j y_j \tag{7-5}$$

公式（7-4）、（7-5）中，x_i、y_j 分别为高技术产业系统与区域经济系统的元素，a_i、b_j 为相应元素的权重。既然高技术产业与区域经济二者间存在相互关系，那么，我们可以把它们作为一个复合系统来考虑，显然，该复合系统只有（HT）与（RE）两个元素，按贝塔朗菲一般系统理论，$f(HT)$ 与 $f(RE)$ 是整个系统的主导部分，该系统的动态耦合模型为：

$$A = \frac{\mathrm{d}f(HT)}{\mathrm{d}t} = \alpha_1 f(HT) + \beta_1 f(RE) \tag{7-6}$$

$$B = \frac{\mathrm{d}f(RE)}{\mathrm{d}t} = \alpha_2 f(HT) + \beta_2 f(RE) \tag{7-7}$$

A、B 为受自身以及外来影响的高技术产业系统与区域经济系统的演化状态。

公式（7-6）、（7-7）表明 A 和 B 是相互作用和影响的，A 和 B 的任何一个变化都会导致整个系统的变化。因此，受自身以及外来因素影响，两个子系统的

演化速度为:

$$V_A = \frac{\mathrm{d}A}{\mathrm{d}t} \tag{7-8}$$

$$V_B = \frac{\mathrm{d}B}{\mathrm{d}t} \tag{7-9}$$

由此,可将复合系统的演化速度看作是 V_A 和 V_B 两个子系统演化速度的函数,即 $V = f(V_A, V_B)$,这样就可以将 V_A 和 V_B 视为控制变量,通过系统 V 的变化来分析 $f(HT)$ 与 $f(RE)$ 的互动关系。

由高技术产业与区域经济构建的复合系统满足可持续发展,即整个系统演化满足 S 形发展机制,可以假定高技术产业与区域经济的互动关系呈现周期性变化,在每个周期内,由于 V 的变化是由 V_A 和 V_B 共同引起的,因此,可以通过建立一个二维平面 (V_A, V_B) 来具体分析二者间关系,V 的变化轨迹可通过 V_A 和 V_B 演化轨迹在平面上的投影来分析,V 的变化轨迹为坐标平面中的一个椭圆(刘友金等,2009),如图 7-1 所示。

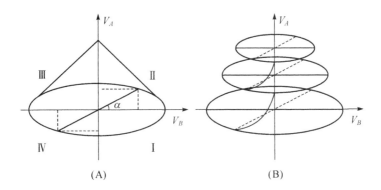

图 7-1 高技术产业与区域经济互动发展演进过程

由图可知,V_A 与 V_B 的夹角 α 满足

$$\tan\alpha = \frac{V_A}{V_B} \tag{7-10}$$

所以,$\alpha = \arctan(V_A/V_B)$ (7-11)

α 的值即为动态耦合度,根据 α 的取值,可以判定整个系统的演化状态以及 $f(HT)$ 与 $f(RE)$ 的互动关系。显然,在一个演化周期内,整个系统将经历低级协调共生、协调发展、极限发展和螺旋上升四个阶段。

(1)当$-90°<\alpha\leqslant0°$时，$V_A\leqslant0,V_B>0$，即$\tan\alpha=(V_A/V_B)\leqslant0$，系统位于低级协调共生阶段。其中，当$\alpha=0°$时，高技术产业与区域经济间不存在相互作用，此为无互动阶段；当$-90°<\alpha<0°$，时高技术产业还处于孕育之中，区域经济发展迟缓，两者之间的影响几乎为零。区域经济呈现粗放式模式，即更多依赖自然要素的优势和投入来促进经济发展，此时政策的重点应是大力加快区域经济发展，努力进行经济结构调整，为高技术产业的发展奠定基础。

(2)当$0°<\alpha<90°$时，$V_A>0,V_B>0$，即$\tan\alpha=(V_A/V_B)>0$，系统处于协调发展阶段。这一时期，区域经济处于低速发展期，并逐渐催生了高技术产业的萌芽，二者相互作用不大，并且，由于区域经济发展水平不高，在某种程度上抑制或阻碍高技术产业的进一步发展。此时政策的重点应是加大高技术产业的发展，以高技术产业为突破口，带动区域经济的发展，使两者相互促进。这一时期又可分为三个阶段：当$0°<\alpha<45°$时，高技术产业发展速度低于区域经济，高技术产业对区域经济的促进作用开始显现，区域经济对高技术产业的支撑作用也开始产生，两者间的互动关系程度缓慢上升；当$45°<\alpha<90°$时，区域经济的支撑作用促进高技术产业快速发展，高技术产业的发展也带动了区域经济的发展，系统属于快速互动阶段；当$\alpha=45°$时，带动能力与支撑能力速度相同，高技术产业与区域经济和谐互动。

(3)当$90°<\alpha<180°$时，$V_A>0,V_B<0$，即$\tan\alpha=(V_A/V_B)<0$，系统处于极限发展阶段。这一时期，高技术产业处于高速发展期，对支撑高技术产业发展的区域经济条件提出了更高的要求。这一阶段是系统演化的关键期，当二者间的矛盾不能很好地协调，区域经济发展的约束圈突破极限时，整个系统将停滞不前或出现倒退，高技术产业发展受挫，区域经济发展也不会有大的起色；当二者间的矛盾通过及时有效的措施加以缓解时，二者的交互关系将不断良性发展，最终达到二者的高级协调共生。

(4)当$-180°<\alpha<-90°$时，$V_A<0,V_B<0$，即$\tan\alpha=(V_A/V_B)>0$，系统处于螺旋式上升阶段。区域经济的支撑能力不足，高技术产业的发展动力较弱，高技术产业与区域经济发展的交叉互动关系面临重组，促使整个系统迈向更高的起点，使系统达到高级协调共生的发展状态。当$\alpha=-135°$时，高技术产业与区域经济达到负向和谐，这时，二者的关系对系统整体发展水平的破坏程度最大。

　　上述高技术产业与区域经济间的演化关系可以借用马克思的理论解释。以高技术产业为代表的生产力的快速发展，一方面将促成生产关系的改变和变革，另一方面也要求生产关系的变革要适应生产力的状况，两者相互依存，相互促进。

第二节　高技术产业与区域经济动态
互动关系实证分析

　　依据第六章所构建的高技术产业和区域经济评价指标体系以及权重的计算方法，可以计算出全国层面和四大经济区域两系统的综合发展水平。① 在此基础上，利用动态耦合模型进一步对复合系统的动态互动关系进行实证分析。

一、全国层面动态互动关系分析

　　2002—2013 年全国层面高技术产业与区域经济综合发展指数见表 7-1 和图 7-2。可见，总体上，2002 年以来我国高技术产业发展呈上升态势，并且可分为两个阶段，2002—2010 年发展趋势比较缓慢，2010 年后发展比较迅速，2013 年发展指数比 2010 年上升了 87％；区域经济方面，总体呈现缓慢升高态势，但过程经历过波动。2003 年我国遭遇了"非典"事件，对经济社会发展造成了比较大的影响，因此，2003 年区域经济发展指数比 2002 年下降了近 7％，2008 年的国际金融危机对我经济也产生了深远影响，致使 2008 年综合发展指数猛然下降近 30％，并且 2009 年、2010 年综合发展指数均未达到危机前 2007 年的水平。2010 年开始，区域经济综合发展指数呈上升态势，发展速度比较平稳，并且明显低于高技术产业发展速度。

---

　　① 对于多指标的综合评价方法有很多，如因子分析、层次分析法等，本研究为了将动态互动关系的情况与协调发展度情况进行对比分析，沿用第六章的计算方法，即功效函数法和线性加总的方法。

表 7-1　全国层面高技术产业与区域经济综合发展指数

系统	2002 年	2003 年	2004 年	2005 年	2006 年	2007 年
高技术产业	0.1420	0.1455	0.1760	0.2023	0.2474	0.2985
区域经济	0.2569	0.2393	0.2697	0.2837	0.3384	0.4934
系统	2008 年	2009 年	2010 年	2011 年	2012 年	2013 年
高技术产业	0.3422	0.4444	0.4555	0.6449	0.7959	0.8519
区域经济	0.3496	0.3957	0.4789	0.5454	0.5845	0.6081

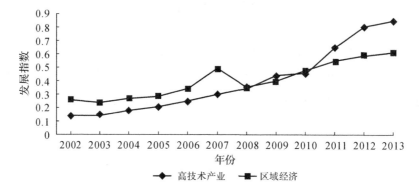

图 7-2　全国层面高技术产业与区域经济综合发展指数走势

　　本研究利用 R 软件系统,通过编写 R 语言数据程序代码,在设定的 7 个包含幂函数和指数函数备选非线性模型的基础上,根据 AIC 和 SC 信息准则以及 DW 检验,以显著性基础上的可决系数最高为原则(下同),从中选取拟合精度最高的曲线,可以得到全国层面高技术产业 A 与区域经济 B 综合指数的非线性拟合表达式,具体见下式:

$$A = 0.113315 + 0.018377t + 0.000321t^3$$

$$R^2 = 0.98703, F = 342.443$$

$$B = 0.26405 + 0.002585t^2$$

$$R^2 = 0.874368, F = 69.59$$

其中, t 为时间,取值为 1~12,相对应的年份为 2002—2013 年。高技术产业 A 中系数概率 p 值分别为 0.026891、4.23E−05,区域经济 B 的系数概率 p 为 8.71E−06,所有系数均通过 5% 的显著性水平检验,模型拟合度很好。

利用公式(7-8)、(7-9)，能够求出高技术产业系统与区域经济系统的演化速度，结果如下：

$$V_A = \frac{\mathrm{d}A}{\mathrm{d}t} = 0.018377 + 0.000963t^2$$

$$V_B = \frac{\mathrm{d}B}{\mathrm{d}t} = 0.00517t$$

利用公式(7-10)、(7-11)可以求出 2002—2013 年两系统动态耦合度，结果见表 7-2。

表 7-2   全国层面高技术产业与区域经济动态耦合度

年份	t	V_A	V_B	$\tan\alpha$	α
2002	1	0.019340	0.00517	3.7408	75.03°
2003	2	0.022229	0.01034	2.1498	65.05°
2004	3	0.027044	0.01551	1.7436	60.16°
2005	4	0.033785	0.02068	1.6337	58.53°
2006	5	0.042452	0.02585	1.6422	58.66°
2007	6	0.053045	0.03102	1.7100	59.68°
2008	7	0.065564	0.03619	1.8117	61.10°
2009	8	0.080009	0.04136	1.9345	62.66°
2010	9	0.096380	0.04653	2.0714	64.23°
2011	10	0.114677	0.05170	2.2181	65.73°
2012	11	0.134900	0.05687	2.3721	67.14°
2013	12	0.157049	0.06204	2.5314	68.44°

由表 7-2 可知，在 2002—2013 年间，全国层面高技术产业与区域经济动态耦合度在 45°和 90°之间，表明高技术产业系统演化速度均高于区域经济演化速度，复合系统位于第二阶段，即协调发展阶段，高技术产业与区域经济相互影响，共同发展。根据表 7-2 中 α 值绘制出两者间的动态互动演化曲线，见图 7-3。

从中可见，高技术产业与区域经济动态互动关系大体成 U 形，其中 2002—2005 年动态耦合度呈下降态势，由 75.03°下降到 58.53°，说明这一时

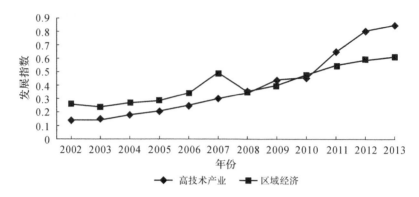

图 7-3　全国层面高技术产业与区域经济动态耦合度走势

期高技术产业与区域经济的演化速度比呈递减趋势,区域经济对高技术产业的支撑作用逐步显现,使得高技术产业与区域经济系统逐渐向和谐发展的态势演化,即 α 值趋于 45°;2006 年开始,高技术产业演化速度开始呈快速增长态势,而区域经济演化速度尽管也不断上升,但比较平稳(见图 7-4),到 2013 年复合系统动态耦合度达到 68.44°,表明高技术产业对区域经济的带动作用已开始显现。同时,区域经济的支撑作用对高技术产业的发展也起到了促进作用,两者处于良性互动。

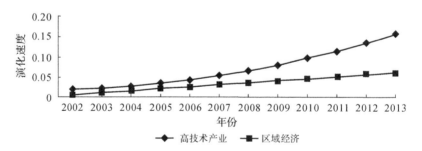

图 7-4　全国层面高技术产业与区域经济系统演化速度

二、四大经济区域动态耦合分析

(一)东部地区

表 7-3 是东部地区高技术产业与区域经济综合发展指数。整体上两者呈上升态势,高技术产业发展指数由 2002 年的 0.1089 逐年上升到 2013 年的

0.8674。区域经济发展指数由 2002 年的 0.2233 上升到 2013 年的 0.6556,其中 2008 年受国际金融危机影响,综合发展指数有所下降。

表 7-3　东部地区高技术产业与区域经济综合发展指数

系统	2002 年	2003 年	2004 年	2005 年	2006 年	2007 年
高技术产业	0.1089	0.1444	0.2071	0.2415	0.2871	0.3180
区域经济	0.2233	0.3033	0.3423	0.3985	0.4084	0.4396
系统	2008 年	2009 年	2010 年	2011 年	2012 年	2013 年
高技术产业	0.3790	0.4816	0.4904	0.6806	0.8349	0.8674
区域经济	0.4050	0.4421	0.5418	0.6093	0.6254	0.6556

图 7-5 是东部地区高技术产业与区域经济综合发展指数走势图,2008 年前区域经济发展水平高于高技术产业,但 2011 年开始被高技术产业发展所超越,并且 2010 年开始高技术产业发展速度很快,而区域经济发展比较平缓。

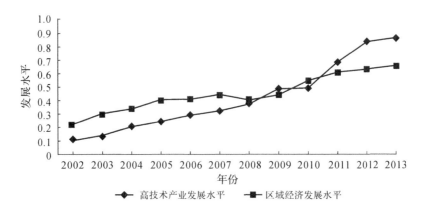

图 7-5　东部地区高技术产业与区域经济综合发展指数走势

对图 7-5 中的曲线进行非线性拟合,可以得到东部地区高技术产业 A 与区域经济 B 演化曲线的非线性拟合表达式,结果如下:

$$A = 0.088052 + 0.031006t + 0.000257t^3$$

$$R^2 = 0.984161, F = 279.6072$$

$$B = -1.51844e^{0.405234t}$$

$$R^2 = 0.92993, F = 132.8436$$

东部地区高技术产业 A 的系数概率 p 值分别为 0.003598、0.000581,通过了 1% 的显著性水平检验,区域经济 B 的系数概率 p 值分别为 3.92E－10、4.26E－07,系数均通过 1% 的显著性水平检验,模型拟合很好。

利用公式(7-8)、(7-9),能够求出高技术产业系统与区域经济系统的演化速度,结果如下:

$$V_A = \frac{\mathrm{d}A}{\mathrm{d}t} = 0.031006 + 0.000771t^2$$

$$V_B = \frac{\mathrm{d}B}{\mathrm{d}t} = -0.615324e^{0.405234t}$$

利用公式(7-10)、(7-11)可以求出东部地区 2002—2013 年两系统动态耦合度,结果见表 7-4。

表 7-4　东部地区高技术产业与区域经济动态耦合度

年份	t	V_A	V_B	$\tan\alpha$	α
2002	1	0.031777	－0.922773	－0.03446	178.03°
2003	2	0.034090	－1.383839	－0.02464	178.59°
2004	3	0.037945	－2.075279	－0.01826	178.95°
2005	4	0.043342	－3.112199	－0.01391	179.20°
2006	5	0.050281	－4.667220	－0.01078	179.38°
2007	6	0.058762	－6.999213	－0.0084	179.52°
2008	7	0.068785	－10.496393	－0.00655	179.62°
2009	8	0.080350	－15.740951	－0.00511	179.71°
2010	9	0.093457	－23.605971	－0.00396	179.77°
2011	10	0.108106	－35.400774	－0.00305	179.83°
2012	11	0.124297	－53.088890	－0.00234	179.87°
2013	12	0.142030	－79.614933	－0.00178	179.90°

由表 7-4 可知,高技术产业系统演化速度 $V_A>0$,而区域经济系统演化速度 $V_B<0$,系统处于极限发展阶段。同时,V_A 呈不断上升态势,但 V_B 不断下降。图 7-6 是东部地区高技术产业与区域经济动态耦合度走势图,动态耦合度由 2002 年的 178.03°发展到 2013 年的 179.90°,尽管每年上升幅度不大,但

呈不断上升态势。此时,高技术产业已处于高速发展时期,对区域经济起到了重要带动作用,但同时,高技术产业的快速发展对区域经济的支撑条件也提出了更高的要求,需要区域经济能突破发展约束,否则两者间矛盾将会不断凸显,不仅对区域经济系统本身造成影响,也会给高技术产业系统带来阻滞效应。这一时期系统耦合处于极限发展阶段,同时也是系统演化的关键期,需要协调好高技术产业与区域经济间的矛盾,以保障耦合系统良性发展。

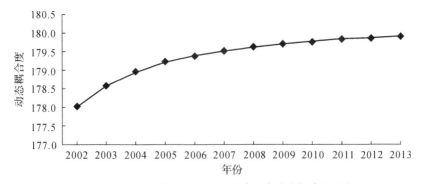

图 7-6　东部地区高技术产业与区域经济动态耦合度走势

(二)中部地区

表 7-5 是我国中部地区高技术产业与区域经济的综合发展指数。整体上两者均呈上升态势,区域经济发展指数由 2002 年的 0.1809 上升到 2013 年的 0.7357,其中 2003 年和 2007 年指数出现了下降;高技术产业发展指数由 2002 年的 0.0618 上升到 2013 年的 0.8806,其中 2010 年略有下降。

表 7-5　中部地区高技术产业与区域经济综合发展指数

系统	2002 年	2003 年	2004 年	2005 年	2006 年	2007 年
高技术产业	0.0618	0.0718	0.0887	0.1481	0.1692	0.2038
区域经济	0.1809	0.1526	0.1788	0.2700	0.3361	0.3220
系统	2008 年	2009 年	2010 年	2011 年	2012 年	2013 年
高技术产业	0.2364	0.3808	0.3655	0.5437	0.7069	0.8806
区域经济	0.3671	0.4395	0.5073	0.6139	0.6996	0.7357

图 7-7 是中部地区高技术产业与区域经济综合发展指数走势图,从中能够看出,两者的走势大体上相似,其中,2002—2011 年区域经济发展指数高于

高技术产业发展指数,2012 年开始,中部地区高技术产业发展综合指数超越区域经济发展指数。另外,高技术产业从 2010 年开始指数增长速度明显加快。

对图 7-7 中的曲线进行非线性拟合,可以得到中部地区高技术产业 A 与区域经济 B 发展指数的非线性拟合表达式,结果如下:

$$A = 0.089448 + 0.000458t^3$$

$$R^2 = 0.987375, F = 782.0736$$

$$B = 0.116823 + 0.031374t + 0.000157t^3$$

$$R^2 = 0.98075, F = 229.2678$$

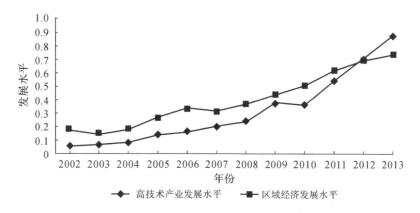

图 7-7 中部地区高技术产业与区域经济综合发展指数走势

中部地区高技术产业 A 的系数概率 p 值为 $7.94\mathrm{E}-11$,区域经济 B 的系数概率 p 值为 0.001343、0.005292,系数均通过 1% 的显著性水平检验,模型拟合很好。

利用公式(7-8)、(7-9),能够求出高技术产业系统与区域经济系统的演化速度,结果如下:

$$V_A = \frac{\mathrm{d}A}{\mathrm{d}t} = 0.001374t^2$$

$$V_B = \frac{\mathrm{d}B}{\mathrm{d}t} = 0.031374 + 0.000471t^2$$

利用公式(7-10)、(7-11)可以求出中部地区 2002—2013 年两系统动态耦合度,结果见表 7-6。

表 7-6　中部地区高技术产业与区域经济动态耦合度

年份	t	V_A	V_B	$\tan\alpha$	α
2002	1	0.001374	0.031845	0.0431	2.47°
2003	2	0.005496	0.033258	0.1653	9.38°
2004	3	0.012366	0.035613	0.3472	19.15°
2005	4	0.021984	0.038910	0.5650	29.47°
2006	5	0.034350	0.043149	0.7961	38.52°
2007	6	0.049464	0.048330	1.0235	45.66°
2008	7	0.067326	0.054453	1.2364	51.03°
2009	8	0.087936	0.061518	1.4294	55.02°
2010	9	0.111294	0.069525	1.6008	58.01°
2011	10	0.137400	0.078474	1.7509	60.27°
2012	11	0.166254	0.088365	1.8814	62.01°
2013	12	0.197856	0.099198	1.9946	63.37°

由表 7-6 可知，中部地区高技术产业系统演化速度 $V_A > 0$，区域经济系统演化速度 $V_B > 0$，系统处于协调发展阶段。2002—2006 年，$V_A < V_B$，表明高技术产业演化速度低于区域经济的演化速度；2007 年开始，$V_A > V_B$，表明高技术产业演化速度高于区域经济演化速度，并且差距呈扩大趋势。

根据 α 的值绘制出中部地区高技术产业与区域经济动态耦合关系，见图 7-8。系统动态耦合度由 2002 年的 2.47° 逐年上升到 2013 年的 63.37°，其中，2002—2006 年高技术产业演化速度低于区域经济演化速度，动态耦合度小于 45°，表明此时中部地区高技术产业处于萌芽阶段，对区域经济的带动作用逐渐显现，而区域经济的支撑作用也足以促使高技术产业的发展；2007—2013 年，高技术产业演化速度高于区域经济演化速度，动态耦合度大于 45°，不仅高技术产业对区域经济起到了带动作用，同时高技术产业的发展也得到了区域经济的有力支撑，两者间的动态互动关系属于快速发展阶段。

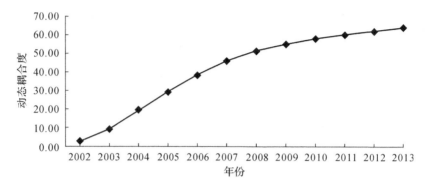

图 7-8 中部地区高技术产业与区域经济动态耦合度走势

(三)西部地区

表 7-7 是我国西部地区高技术产业与区域经济综合发展指数。两者整体上均呈上升态势,高技术产业综合指数由 2002 年的 0.2000 上升到 2013 年的 0.8488,但 2003 年和 2008 年出现了不同程度下降。区域经济综合指数由 2002 年的 0.1897 上升到 2013 年的 0.7613,其中 2002—2004 年呈下降态势,2008 年和 2010 年也经历了不同程度的下降。

表 7-7 西部地区高技术产业与区域经济综合发展指数

系统	2002 年	2003 年	2004 年	2005 年	2006 年	2007 年
高技术产业	0.2000	0.1323	0.1507	0.1178	0.1815	0.2448
区域经济	0.1897	0.1885	0.1746	0.2756	0.2870	0.3474
系统	2008 年	2009 年	2010 年	2011 年	2012 年	2013 年
高技术产业	0.2299	0.3788	0.3597	0.4896	0.7043	0.8488
区域经济	0.3379	0.4870	0.4863	0.6084	0.6978	0.7613

图 7-9 是西部地区高技术产业与区域经济综合指数走势图,从中可以看出,两者走势很相似,其中,2003—2011 年,区域经济综合指数高于高技术产业,并且从 2010 年开始,高技术产业和区域经济发展明显比之前要快。

对图 7-9 中的曲线进行非线性拟合,可以得到西部地区高技术产业 A 与区域经济 B 曲线的非线性拟合表达式,结果如下:

$$A = 0.252636 - 0.06672t + 0.009555t^2$$

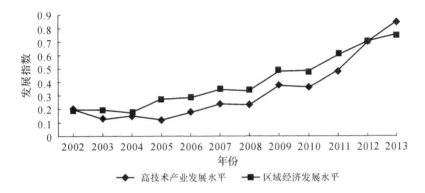

图 7-9 西部地区高技术产业与区域经济综合发展指数走势

$$R^2 = 0.974743, F = 173.6717$$

$$B = 0.177514 + 0.004171t^2$$

$$R^2 = 0.98136, F = 525.7851$$

西部地区高技术产业 A 的系数概率 p 值分别为 0.001691、1.44E-05,区域经济 B 的系数概率 p 值为 5.62E-10,系数均通过 1% 的显著性水平检验,模型拟合度很好。

利用公式(7-8)、(7-9),能够求出高技术产业系统与区域经济系统的演化速度,结果如下:

$$V_A = \frac{dA}{dt} = -0.06672 + 0.01911t$$

$$V_B = \frac{dB}{dt} = 0.008342t$$

利用公式(7-10)、(7-11)可以求出西部地区 2002—2013 年两系统动态耦合度,结果见表 7-8。

表 7-8 西部地区高技术产业与区域经济动态耦合度

年份	t	V_A	V_B	$\tan\alpha$	α
2002	1	-0.04761	0.008342	-5.7073	$-80.06°$
2003	2	-0.02850	0.016684	-1.7082	$-59.66°$
2004	3	-0.00939	0.025026	-0.3752	$-20.57°$
2005	4	0.00972	0.033368	0.2913	$16.24°$

续表

年份	t	V_A	V_B	$\tan\alpha$	α
2006	5	0.02883	0.041710	0.6912	34.65°
2007	6	0.04794	0.050052	0.9578	43.77°
2008	7	0.06705	0.058394	1.1482	48.95°
2009	8	0.08616	0.066736	1.2911	52.24°
2010	9	0.10527	0.075078	1.4021	54.50°
2011	10	0.12438	0.083420	1.4910	56.15°
2012	11	0.14349	0.091762	1.5637	57.40°
2013	12	0.16260	0.100104	1.6243	58.38°

由 V_A、V_B 的表达式以及表 7-8 可知,西部地区高技术产业与区域经济的演化速度是线性的,但 0.019110＞0.008342,表明高技术产业演化速度的斜率大于区域经济。2002—2007 年,V_A＜V_B,表明高技术产业演化速度低于区域经济演化速度,并且 2002—2004 年高技术产业演化速度 V_A 小于 0;2008—2013 年,V_A＞V_B,表明高技术产业演化速度高于区域经济演化速度,并且两者间的差距呈扩大态势。

根据 α 的值绘制出西部地区高技术产业与区域经济动态耦合度走势图,见图 7-10。2002—2004 年,动态耦合度位于(−90°,0°),系统处于低级协调共生阶段,此时,西部地区高技术产业处于孕育阶段,同时区域经济发展也比较缓慢,两者间的相互影响虽微乎其微,但仍呈逐渐显现态势。2005 年开始系统进入协调发展阶段,其中 2005—2007 年,动态耦合度位于(0°,45°),高技术产业对区域经济的促进作用开始显现,区域经济对高技术产业的支撑作用也逐渐产生,两者间的互动关系程度慢慢上升;2008—2013 年,动态耦合度位于(45°,90°),此时,系统进入快速发展阶段,高技术产业带动了区域经济的快速发展,同时,区域经济也给予高技术产业有力的支撑。

(四)东北地区

2002—2013 年东北地区高技术产业与区域经济综合发展指数及其走势如表 7-9 和图 7-11 所示。区域经济发展方面,整体上呈上升态势,其中受"非典"事件影响,2002—2004 年略有下降,与全国层面发展情形相一致,2005—2010

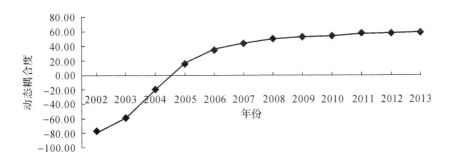

图 7-10 西部地区高技术产业与区域经济动态耦合度走势

年发展速度较快,2011 年开始增速下滑,但发展比较平稳;高技术产业发展尽管也呈上升态势,但历程比较曲折,2002—2004 年不断下降,2006 年、2010 年也都有不同程度的下降。2011 年开始,高技术产业发展水平才逐渐超过区域经济发展水平。

表 7-9 东北地区高技术产业与区域经济综合发展指数

系统	2002 年	2003 年	2004 年	2005 年	2006 年	2007 年
高技术产业	0.1848	0.1740	0.1076	0.1820	0.1471	0.3121
区域经济	0.3269	0.2970	0.2659	0.2886	0.2866	0.3789
系统	2008 年	2009 年	2010 年	2011 年	2012 年	2013 年
高技术产业	0.3424	0.5059	0.4467	0.6449	0.7157	0.7560
区域经济	0.4209	0.5083	0.5917	0.6278	0.6257	0.6385

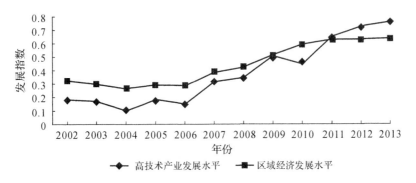

图 7-11 东北地区高技术产业与区域经济综合发展指数走势

利用上述方法,可将东北地区高技术与区域经济发展指数进行非线性拟合,结果如下:

$$A = 0.286728 - 0.11671t + 0.025005t^2 - 0.001t^3$$

$$R^2 = 0.966963, F = 64.066$$

$$B = 0.452149 - 0.13882t + 0.028989t^2 - 0.00135t^3$$

$$R^2 = 0.989059, F = 96.69799$$

东北地区高技术产业 A 的系数概率 p 值分别为 0.055104、0.025272 和 0.062788,区域经济 B 中系数概率 p 值分别为 9.58E−05、2.72 E−05 和 5.16 E−05,非线性拟合曲线总体上分别通过了 10% 和 1% 的显著性水平检验。两个系统的演化速度分别为:

$$V_A = -0.11671 + 0.05001t - 0.003t^2$$

$$V_B = -0.13882 + 0.057978t - 0.00405t^2$$

利用公式(7-10)、公式(7-11)可以求出 2002—2013 年两系统动态耦合度,结果见表 7-10。

表 7-10　东北地区高技术产业与区域经济动态耦合度

年份	t	V_A	V_B	$\tan\alpha$	α
2002	1	−0.06970	−0.084892	0.8210	−140.62°
2003	2	−0.02869	−0.039064	0.7340	−143.72°
2004	3	0.00632	−0.001336	−4.8462	101.66°
2005	4	0.03533	0.028292	1.2473	51.28°
2006	5	0.05834	0.049820	1.1707	49.50°
2007	6	0.07535	0.063248	1.1930	50.03°
2008	7	0.08636	0.068576	1.2595	51.55°
2009	8	0.09137	0.065804	1.3891	54.25°
2010	9	0.09038	0.054932	1.6466	58.73°
2011	10	0.08339	0.035960	2.3167	66.65°
2012	11	0.07040	0.008888	7.9101	82.79°
2013	12	0.05141	−0.026284	−1.9544	117.10°

图 7-12 是东北地区高技术产业与区域经济演化速度曲线图。从中可知,整体上高技术产业与区域经济演化速度呈倒 U 形变化,并且高技术产业演化速度要高于区域经济的演化速度。2002—2008 年,两者的演化速度大体保持同步,2009 年开始出现分化。东北地区高技术产业演化速度在 2002—2009 年间不断上升,2010 年开始却不断下降,而区域经济演化速度在 2002—2008 年间不断上升,2009 年开始不断下降。

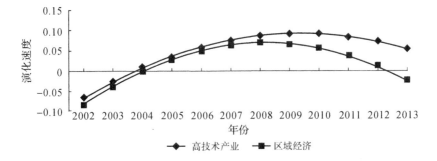

图 7-12   东北地区高技术产业与区域经济系统演化速度

图 7-13 是东北地区高技术产业与区域经济动态耦合度走势图。2002 年、2003 年动态耦合度分别为 −140.62°、−143.72°,系统处于螺旋上升阶段,表明两者间的促进关系由相互胁迫向相互促进转变。东北作为我国传统的老工业基地,高技术产业发展起步较晚,对区域经济促进作用尚不明显;2004 年和2013 年动态耦合度分别为 101.66°和 117.10°,系统进入极限发展阶段,表明东北地区经济发展状况对高技术产业发展的支撑作用已达极限,如不能促进区域经济进一步发展,不仅高技术产业发展面临很大制约,甚至整个系统将会

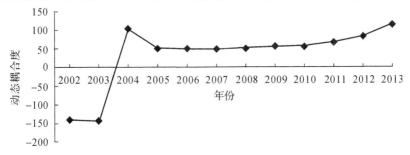

图 7-13   东北地区高技术产业与区域经济动态耦合度走势

停滞不前或倒退；2005—2012 年动态耦合度处于（45°，90°）间，属于协调发展阶段，说明东北地区高技术产业发展比较迅速，对区域经济的带动作用也已呈现，但区域经济发展相对较慢，对高技术产业的支撑作用有限。

三、对比分析

表 7-11 是全国及四大经济区域动态耦合情况对比分析表。从中可以看出，全国层面与中部地区情形相似，均是在 2002—2013 年间处于协调发展阶段，说明高技术产业的发展对区域经济的促进作用已显现，区域经济的支撑作用也促进了高技术产业的发展，两者间属于良性互动。但全国层面的历年动态耦合度均要高于中部地区，表明全国层面高技术产业与区域经济的动态互动水平稍好于中部地区。

东部地区作为我国经济相对发达、同时高技术产业发展也最为集中的地区，2002—2013 年其系统已处于极限发展阶段。一方面，高技术产业已处于高速发展期，对区域经济的贡献非常大；另一方面，发展快速且实力较坚实的区域经济也保障了高技术产业的高速发展，系统已到演化关键期，对高技术产业和区域经济发展提出了更大挑战，要求东部地区要合理处理好两者间的矛盾，避免系统演化出现倒退等情况，及时破解系统发展极限，确保系统向更高层次演化。

表 7-11　全国层面与四大经济区域动态互动情况对比分析

区域	低级协调共生阶段	协调发展阶段	极限发展阶段	螺旋式上升阶段
全国层面	—	2002—2013 年	—	—
东部地区	—	—	2002—2013 年	—
中部地区	—	2002—2013 年	—	—
西部地区	2002—2004 年	2005—2013 年	—	—
东北地区	—	2005—2012 年	2004 年、2013 年	2002 年、2003 年

西部地区经历了低级协调共生和协调发展两个阶段。2002—2004 年，西部地区高技术产业与区域经济都处于缓慢发展中，两者间的相互作用并不明显；2005 年开始，受西部区域经济发展及全国高技术发展大环境的影响，西部

地区高技术产业开始不断发展,对区域经济的促进作用也不断增强。但此时西部地区互动水平仍低于全国和中部地区。

东北地区情形相对复杂些,2002 年、2003 年,高技术产业和区域经济演化速度 V_A 和 V_B 均小于 0,系统处于螺旋式上升阶段;2004 年 V_A 大于 0,而 V_B 小于 0,系统处于极限发展阶段;2005—2012 年,V_A 和 V_B 均大于 0,系统处于协调发展阶段;2013 年系统再次处于极限发展阶段。东北地区高技术产业与区域经济系统互动出现多变情况的原因主要是区域经济结构单一,创新能力不足,对高技术产业发展的支撑作用不足,东北地区具备很好的制造业基础,为高技术产业发展创造了条件,当区域经济发展表现出与高技术产业不相适应时,系统互动就会出现变化。比如,2004 年受"非典"事件影响,东北区域经济出现了下滑,区域经济对高技术产业的支撑作用不足,使得系统互动关系矛盾没能很好解决,系统进入了极限阶段,2013 年也是同样的情形;2005—2012年,东北地区高技术产业演化速度明显快于区域经济演化速度,高技术产业为区域经济发展起到了带动作用,同时,区域经济也能够为高技术产业发展提供支撑作用,使得系统互动能够处于良性阶段。

第三节　动态互动关系态势分析

基于上一节拟合出的高技术产业和区域经济发展的非线性函数,可以对全国层面和四大经济区域动态耦合态势进行测算。2015 年 5 月,国务院发布了"中国制造 2025"国家战略规划,高技术产业作为制造业的高端产业,其发展对形成一批具有较强国际竞争力的跨国公司和产业集群,提升中国在全球产业分工和价值链中的地位具有重要作用。因此,本研究选择对 2014—2025 年各区域动态耦合态势做分析。

一、全国层面

为做好全国层面动态耦合趋势预测分析,只需将 t 值依次取 13～24,相对应的年份为 2014—2025 年,全国层面高技术产业与区域经济动态耦合趋势结果见表 7-12。从中可见,V_A 和 V_B 均大于 0,并且 $V_A > V_B$,系统仍然处于协调发展阶段,动态耦合度由 2014 年的 69.64°逐年上升到 2025 年的 77.78°,表明高技术产业与区域经济互动关系程度不断提高,区域经济的支撑作用不断增强。

高技术产业的发展应充分借助"中国制造 2025"战略的有利条件,进一步激发发展活力和创造力,努力打造成为新常态下中国经济新的增长点和新动力;同时,高技术产业的快速发展,对区域经济的支撑作用也提出了更高要求,一方面,要完善有利于高技术产业发展的创新环境和市场环境,另一方面,建立多渠道的融资和研发投入模式,加快培养高技术产业发展急需的专业技术人才和经营管理人才等,将市场主导与政府引导有机结合,确保高技术产业与区域经济系统耦合呈现良性发展态势。

表 7-12　全国层面高技术产业与区域经济动态耦合趋势

年份	t	V_A	V_B	$\tan\alpha$	α
2014	13	0.181124	0.06721	2.6949	69.64°
2015	14	0.207125	0.07238	2.8616	70.74°
2016	15	0.235052	0.07755	3.0310	71.74°
2017	16	0.264905	0.08272	3.2024	72.66°
2018	17	0.296684	0.08789	3.3756	73.50°
2019	18	0.330389	0.09306	3.5503	74.27°
2020	19	0.366020	0.09823	3.7262	74.98°
2021	20	0.403577	0.10340	3.9031	75.63°
2022	21	0.443060	0.10857	4.0809	76.23°
2023	22	0.484469	0.11374	4.2594	76.79°
2024	23	0.527804	0.11891	4.4387	77.30°
2025	24	0.573065	0.12408	4.6185	77.78°

二、四大经济区域

应用同样的方法可得四大经济区域高技术产业与区域经济动态耦合趋

势,见表 7-13。东部地区高技术产业与区域经济关系仍处于极限互动发展阶段,动态耦合度无限接近 180°,表明东部地区高技术产业与区域经济已进入系统演化的关键期,2025 年前东部地区的重点应放在改革制约经济发展的机制和体制、完善创新环境、进一步促进区域经济的发展上,努力提升区域经济对高技术产业的支撑作用。

中部和西部地区系统处于协调发展阶段,但中部地区比西部地区耦合度稍高。这一时期,高技术产业处于快速发展的阶段,会继续带动区域经济增长。区域经济的支撑力也足以对高技术产业发展起到支撑作用。

东北地区情况比较特殊,2014 年为极限发展阶段,动态耦合度为159.20°,但从 2015 年开始,系统进入螺旋上升阶段,动态耦合度由 -177.84°不断上升到 2025 年的 -149.18°,趋于 -135°,即负向和谐的顶点,表明东北地区高技术产业与区域经济间的关系在接下来几年将进入新的发展阶段,主要原因是 2009 年东北地区高技术产业演化速度最快,已出现拐点,而区域经济演化速度在 2008 年已达到最高值,东北地区高技术产业与区域经济发展形势较复杂,如处理不好两者间的关系,系统将不可避免地出现倒退。这与当前东北地区面临的经济发展形势很相似,区域经济不断下降,对高技术产业的支撑作用不断下降,东北地区应及时破解产业结构矛盾,以结构转换升级为契机,通过发展高技术产业来带动区域经济的发展。

表 7-13 四大经济区域高技术产业与区域经济动态耦合趋势

年份	东部地区	中部地区	西部地区	东北地区
2014	179.9484°	64.46°	59.17°	159.20°
2015	179.9611°	65.33°	59.82°	-177.84°
2016	179.9709°	66.05°	60.36°	-167.03°
2017	179.9783°	66.64°	60.82°	-161.17°
2018	179.9839°	67.13°	61.22°	-157.58°
2019	179.9882°	67.55°	61.56°	-155.17°
2020	179.9913°	67.90°	61.86°	-153.45°
2021	179.9936°	68.20°	62.13°	-152.16°

续表

年份	东部地区	中部地区	西部地区	东北地区
2022	179.9954°	68.47°	62.36°	−151.16°
2023	179.9966°	68.70°	62.58°	−150.36°
2024	179.9976°	68.90°	62.77°	−149.72°
2025	179.9982°	69.07°	62.94°	−149.18°

第八章　系统耦合下高技术产业发展的政策建议

第一节　研究结论

本研究立足于现有理论研究成果,围绕系统耦合视角下高技术产业发展这一主题,在全面分析目前我国高技术产业区域和行业发展情况的基础上,从规范和实证两方面分析了高技术产业与区域经济间的相互作用,并借鉴物理学中"耦合"的理论和方法,从系统论视角构建了高技术产业与区域经济发展的相互作用机制,进而从静态和动态两个方面实证分析了高技术产业与区域经济的互动关系。通过研究,本研究得出如下主要结论。

一、我国高技术产业发展较快,但呈现明显的区域和行业差异

我国高技术产业在产业规模、产出效益、创新能力、发展潜力以及社会效益等方面取得了令人瞩目的成绩,已成为国民经济的重要支撑。2013 年,高技术产业总产值已达 114487.3 亿元,是 2002 年的 7.6 倍,并且占 GDP 的比重已超过 20%,以 2000 年价格为基期价格计算的增速方面,高技术产业比 GDP 高 5.6 个百分点;利润、利税和出口交货值方面,2013 年分别是 2002 年的 9.76 倍、9.53 倍和 8.19 倍;全国发明专利中来自高技术产业的比例已由 2002 年的 8.62% 上升到 2013 年的 66.82%,可见,高技术产业已成为我国创新能力的主体;高技术产业的就业效应也已显现,从业人员年平均人数在 2013 年已接近 1300 万,是 2002 年的 3 倍多。

高技术产业发展存在明显的区域差异,就 2002—2013 年各项发展指标占

全国比重的均值来说,东部地区在总产值、主营业务收入、利润、利税、出口交货值以及 R&D 经费内部支出方面分别为 82.72%、83.78%、79.82%、77.97%、93.34% 和 80.1%,可见,高技术产业发展东部地区"一枝独秀";中部地区在总产值、主营业务收入、利润、利税方面稍好于西部地区,在 R&D 经费内部支出方面低于西部地区近 3 个百分点;东北地区是我国高技术产业发展较为落后的地区,上述各项指标占全国的比重均不到 5%,出口交货值占比仅为 1.69%。

高技术产业的五大行业发展也很不平衡,就 2002—2013 年各项发展指标占全国比重的均值来说,电子及通信设备制造业发展独领风骚,R&D 投入占比接近 60%,出口交货值占比为 53.28%,总产值与主营业务收入接近 50%,利润与利税方面占比相对较小,但仍分别高达 45.23% 和 44.75%;计算机及办公设备制造业总体排名第二,但除出口交货值占比为 40.82%、份额较大外,总产值与主营业务收入也只占电子及通信设备制造业的一半,而利润和利税更是只占电子及通信设备制造业的三分之一;医药制造业比医疗仪器设备及仪器仪表设备制造业整体上发展稍好,而航空航天器及设备制造业各项指标占比最小,大部分为 2% 多一点,这可能与该行业的技术保密性有关。

二、高技术产业与区域经济具有很大的相关性

本研究运用灰色关联分析方法实证检验了全国层面及四大经济区域高技术产业与区域经济间的相关性,结果表明,对全国层面、东部地区以及中部地区来说,高技术产业与区域经济关系最为密切,是带动区域经济增长的主要因素;尽管与西部地区和东北地区经济增长关系最为密切的分别是非高技术产业的工业和建筑业,但高技术产业均排在第二位,并且关联度分别差 0.0334 和 0.0033,差距非常小。

三、高技术产业研发投入对经济年均增长率的贡献率各地存在明显差异

使用 2002—2013 年我国 30 个省(区、市)的面板数据,构建基于 C-D 生产函数的面板数据模型,实证测度了高技术产业研发投入对区域经济增长的

弹性系数,东部地区系数最大,为 0.1677,表明高技术产业研发投入每增加 1%,区域经济增长 0.1677%,中部地区弹性系数最小,为 0.0795,而西部地区和东北地区分别为 0.0815、0.0873,相差不大。

高技术产业研发投入对经济年均增长率的贡献率方面,全国层面为 19.65%,四大经济区域中,贡献率由大到小依次为:东部地区、中部地区、西部地区和东北地区,相应的贡献率分别为 21.15%、15.33%、11.36% 和 10.57%。

四、高技术产业发展受多种因素影响

高技术产业发展受经济发展水平、研发人员全时当量、创新环境、产业集聚度和循环累计效应正向影响,但各因素影响程度不同,并且在各区域间也呈现差异,发展水平影响系数最大的是东北地区,为 0.4093,最小的是东部地区的 0.0405,表明东部地区区域经济发展水平对高技术产业的支撑作用最小;研发人员全时当量的影响程度由大到小依次为东北地区(0.2197)、中部地区(0.1092)、东部地区(0.0718)、西部地区(0.0452),各区域间差异比较大;创新环境方面,影响系数最大的是东北地区的 0.8400,东部地区和中部地区相差不大,分别为 0.5167 和 0.5527,最小的是西部地区,仅为 0.0346;产业集聚度对高技术产业发展的影响除东北地区稍高(0.4020)外,东、中、西部地区差距比较小;四大经济区域的循环累计效应除东北地区为 0.3320,相对较小外,东、中、西部地区均在 0.72 以上,循环累计效应非常明显。

研发经费内部支出方面,西部地区系数为正,但正向作用不明显,仅为 0.0229,其余区域均为负,说明研发经费支出与各地高技术产业发展具有负向作用,其原因在于只注重研发经费投入的增加,而忽略了研发经费的使用效率;市场环境的影响方面,各地系数均比较小,表明对高技术产业发展的影响程度不大,并且中部地区的系数为负,表明其对高技术产业发展呈现负作用,可能原因是中部地区技术市场还不够完善,其余地区尽管系数为正,但影响程度也不够明显。

五、从静态看,高技术产业与区域经济协调发展度呈现大体一致的趋势

在构建高技术产业和区域经济发展水平评价指标体系的基础上,借助协调发展度模型,采用客观赋权法,对全国及四大经济区域两系统协调发展度进行了实证分析,结果表明,总体上各区域均由濒临失调进入良好协调阶段,但最终协调发展度及发展过程却不尽相同,西部地区在濒临协调阶段经历了5年(2002—2006年),最短的是中部地区,只经历1年;勉强协调阶段,东部地区和西部地区经历了3年,而西部和东北地区只经历2年;初级协调阶段,东北地区只经历了1年,东部却经历了3年,中部和西部各为2年;中级协调阶段,情形与初级协调阶段不同,东北地区经历时间最长,为3年,中部和西部地区时间最短,为1年,而东部地区为2年;2012年后,所有区域均进入良好协调阶段,但到2013年时各区域具体协调发展度不尽相同,由大到小依次为西部地区(0.892676)、中部地区(0.890702)、东部地区(0.858674)和东北地区(0.827891)。

六、从动态看,高技术产业与区域经济间关系呈现不同的发展路径

借助基于静态评价指标计算的高技术产业与区域经济发展水平,运用动态耦合模型对2002—2013年高技术产业与区域经济动态互动关系进行实证分析,结果表明,总体上我国高技术产业与区域经济动态耦合度处于58.53°至75.03°之间,大体呈U形,处于协调发展阶段。四大经济区域发展情况迥异,其中东部地区动态耦合度由178.03°不断上升至179.90°,处于极限发展阶段,表明二者间关系处于关键时期,需协调发展二者间的关系,确保系统向更高层次发展。中部地区动态耦合度由2.47°快速上升至63.27°,处于协调发展阶段,表明中部地区高技术产业对区域经济的带动作用逐渐显现,同时,区域经济也对高技术产业发展起到了支撑作用。西部地区在2002—2004年处于低级协调共生阶段,2005—2013年进入协调发展阶段,表明西部地区高技术产业由孕育阶段进入缓慢发展阶段,对区域经济的作用逐渐显现。东北地区发展

情况较为特殊,起初两年处于螺旋式上升阶段,2005—2012年开始进入协调发展阶段,2013年又进入了极限发展阶段,表明东北地区高技术产业与区域经济间关系在大多年份处于良性阶段,相互促进。

第二节　政策建议

经济新常态下,产业结构调整面临前所未有的压力,发展高技术产业对改造传统产业、实施创新驱动战略、培育中国经济新的增长点具有重要战略意义。尽管近年来我国高技术产业发展取得了较大成绩,但我们也清楚地认识到高技术产业发展中还存在着诸多问题和不足。针对如何保持高技术产业持续健康发展,同时实现高技术产业与区域经济耦合关系良性发展,本研究从系统论视角出发,结合研究结论,从宏观、中观和微观层面提出如下政策建议。

一、宏观层面

(一)产业政策或发展规划要尊重产业发展规律

随着高技术产业的快速发展以及国家对高技术产业发展重视程度的提高,目前,我国大多省份制定了高技术产业发展规划或相应的产业发展政策。高技术产业发展的产业政策或发展规划作为引导、保障和促进高技术产业持续、健康发展的政策手段,在产业发展中的作用毋庸置疑,但如果政策或规划脱离产业发展的实际将会对产业发展造成无可估量的损害。因此,产业政策或发展规划要尊重产业发展规律。

高技术产业与传统产业既有相似之处也有差异,相似之处决定了高技术产业与其他产业一样,具有自己的运行规律,具有普遍性的、一般性的规律;而高技术的特征及高技术产业的重要性又使得高技术产业具有的很大差异性,这将使得高技术产业具有自身特殊的发展规律。这些特殊的规律大体有对新知识、新技术的严重依赖,技术转化的苛刻性,区域与行业的差别化,等等。比如,我国高技术产业产值的70%以上集中在东部地区,航空航天器制造业主要集中在四川、陕西、北京、天津、辽宁等地,医药制造业主要集中在广东、江苏、山东、浙江等地,这就要求产业政策或产业规划要注重高技术产业发展的特殊规律性。同时,除了有整体的规划外,针对不同区域、不同产业的发展也要有相应的政策,这样才能更好地为高技术产业的健康发展起到政策保障作用。

(二)建立科学、高效的协调管理机制

国家对发展高技术产业的管理与服务涉及众多部门,如果部门间责任不明晰、权力不清晰、目标不明确,轻者会造成各部门出台的政策相互矛盾,重者将使高技术产业的研发、技术攻关与生产、市场推广相脱节,无法形成良性发展的创新链条和产业链条。比如,国家为大力发展生物产业,2000年制定了《促进生物产业加快发展若干政策的通知》,但为了协调相关部门的职责以及征求意见,直到2009年该文件才正式出台。因此,要协调各部门间的工作,形成发展合力,亟须建立科学、高效的协调管理机制。

经过多年的发展,我国在行政管理体制、科技管理体制、财政管理体制等方面的改革取得了很大成就,为高技术产业发展起到了重要推动作用。在当前全面深化改革的进程中,必须尽快打破制约和限制高技术产业技术创新,发挥核心竞争力、市场价值等的因素,并以建立高效的产业创新体系为核心目标,尽快建成良好的创新链和产业链,加快对高技术产业发展涉及的关键环节和重点领域进行改革,加大行政管理机构的整合力度,落实部门负责制,积极探索大部门制,以强化各管理部门的协调能力,实行职能有机统一,为建立高效、协调的管理体制打下基础。

(三)构建政策实施效果的评价机制

近年来,我国加大了研发投入力度,2014年研发投入总量已达13015.6亿元,占GDP的比重达到2.05%。但由对高技术产业发展的影响因素的分析可知,R&D投入对高技术产业发展呈负向作用(尽管各地区显著性有差异),这种"悖论"恰恰说明我国只注重R&D投入的量,而忽视了投入的质,即对投入效果的评价。促进高技术产业发展的政策除研发投入政策外,还有创新政策、财税政策、知识产权政策、技术转化政策等,目前我国市场经济还不够完善和成熟,加之政策评估体系不健全和政策评价问题比较复杂,致使我国高技术产业相关政策总体运行质量还有待提高。为最优化科技资源的配置,确保高技术产业政策实施的价值和实施效力的科学性、有效性、可靠性,使政策真正能够为高技术产业发展起到促进、激励、规范与约束作用,有必要构筑高技术产业政策实施效果的评价机制,对这些政策的实施效果进行科学评价。

高技术产业政策效果的评价机制涉及的内容比较广泛,主要包括政策评估主体、评估体系、评估方法、评估人员、评估法规等方面。评估主体是高技术产业政策评估实施的机构与人员,是影响高技术产业政策评估质量的关键性因素;评估体系是评价政策效果的体系指标,根据不同政策可以建立定量指标、定性指标或两者兼有;评估方法主要是定量分析的方法,目前应用最广泛的有主成分分析法、层析分析法、灰色关联法、模糊评价法等;政策评估是个专业性、技术性很高的工作,要求评估人员具备扎实的专业理论和知识以及相应的法律背景等;评估法规是以政策法规的形式对评估的程序、方法、规则、责任、义务等进行界定,确保高技术产业政策评估的合法地位。

二、中观层面

(一)高技术产业政策与区域经济政策相统一

产业与区域作为国民经济的两个坐标,其相互影响、相互渗透将推动国民经济健康发展,而产业政策和区域政策是宏观经济政策的两个侧面,二者相互补充、相互作用、相辅相成。产业结构的不断调整和演进将促进区域经济的不断发展,并且产业结构的状况、性质以及运行机制等将决定区域经济的发展速度、规模和水平,进而直接影响整个国民经济的发展速度、规模和水平。

目前,我国高技术产业的发展以及区域经济的发展均呈现出很大的区域差异性和不均衡性,如果高技术产业的政策不体现区域差异或者区域经济政策不考虑产业差别,将会导致政策在实施中出现偏差。因此,必须从系统论和演化论视角出发,将高技术产业政策与区域经济政策有机结合,实现资源在高技术产业和区域经济间的优化配置,使高技术产业与区域经济协调发展。

当前,我国已形成了若干有特色和竞争力的高技术产业集聚地,增强了地区竞争优势,促进了区域快速发展。同时,良好的区域经济基础也为高技术产业的发展提供了强有力的支撑,因此,在创新、协调、绿色、开放、共享发展理念的指导下,"十三五"期间,我国应当针对各个高技术产业集聚地不同产业的优势和特点,制定并实施一些能够体现地域和产业特点的高技术产业发展政策。同时,要指导和协调地方政府的高技术产业的扶持政策,以期能够更好地促进高技术产业的发展。

（二）注重各区域演化水平的平衡发展

高技术产业与区域经济动态互动关系演化水平的高低对区域经济的发展会产生较大影响，因此，各地均应采取各种政策措施来提高两者的演化水平。但也要理性地认识到，促进高技术产业与区域经济的共同演化是一个长期且复杂的工作，短期内不可能一蹴而就；同时，复合系统的演化水平取决于两者的发展水平，因此，应首先分析影响各子系统发展水平的因素，对于促进因素应大力发展，使其更加适应技术创新、市场变化和经济竞争的要求，为高技术产业和区域经济子系统的发展提供持续的动力，为系统演化提供支撑。对于制约因素要及时改进和提升，充分利用相关政策，发挥市场对资源配置的基础性作用，引导市场需求、规范市场竞争，以推动高技术产业与区域经济复合系统动态演化水平的提升，进而推动区域经济的可持续发展。

（三）积极构建高技术产业协同创新体系

持续创新是高技术产业保持竞争优势的原动力和必然选择，而在高技术产业的众多创新模式中，协同创新是首选也是未来发展趋势。作为高技术产业系统的一部分，高技术产业创新系统包含众多元素（消费者、竞争对手、科研机构、政府机关等），并与外部环境相互依存、相互作用，因此，高技术产业协同创新就是要整合高技术企业、科研机构、政府、中介服务机构、消费者等行为主体的互补性资源，使其发挥各自的优势能力，实现优势互补，加速技术创新、产品推广和技术成果产业化，使企业能够降低创新成本和创新风险，提高应变能力和产业竞争力，提高创新效率，最终提高区域科技创新与经济竞争能力，促进区域经济增长（陈劲，阳银娟，2012）。

高技术产业协同创新的绩效主要受系统内企业、消费者、供应商、科研机构、中介机构、政府等系统构成要素之间协同程度的影响（顾菁，薛伟贤，2012）。目前，我国高技术产业协同创新构建中存在很多问题，比如，市场机制在配置科技资源方面未起到主要作用，创新主体的技术创新及转换效率低下，创新环境过度依赖政府部门的引导，整体协同创新水平不高，等等。因此，针对目前存在的问题以及制约高技术产业协同创新的因素，亟须采取相应措施，早日构建高技术产业协同创新体系，保证高技术产业健康发展。一是要转变政府职能。积极加强政府对市场的监督和管理,加大政府对公共服务和产品的投入,加大知识产权保护力度,调动创新主体的积极性并保护各主体的合法利益。二是要构建产学研合作平台。高技术的供应方是科研院所等研发机构,需求方是企业,政府应通过建设项目研究中心、技术开发实验室,鼓励高校以建立科技企业等形式主动搭建平台,实现产学研有机结合。三是拓宽高技术产业融资体系。鼓励政府资金、风险资本、民营资本、社会资本以及国外资本积极参与高技术企业的创新活动,满足高技术企业对创新资金的需求。

三、微观层面

(一)以发展高技术企业为切入点,强化高技术企业的创新主体地位

企业作为一种以营利为主要目的的经济组织,是产业的基本构成单位,是创新的直接需求者,也是区域经济发展的基本动力源,大力发展高技术企业不仅对整个高技术产业,更对区域经济发展水平有重要推动作用,也是影响系统演化的重要因素。因此,应以发展高技术企业为切入点,以高技术产品市场为基础,突出企业在重大技术攻关、引进、吸收与再创新方面的主体地位,建立"以企业为核心、科研院所积极参与"的技术转移机制,提升企业技术创新能力的基础设施水平,完善和落实企业在技术创新方面的优惠政策,千方百计增强高技术企业的市场活力和竞争力。

高技术企业是高技术产业发展的基础,尽管近年我国高技术产业整体发展迅速,规模不断增大,但就高技术企业层面的发展来看,成绩并不理想,与美、日等发达国家同类企业相比还有很大差距。因此,今后一个时期,我们要努力通过企业间的兼并、重组和收购等方式,选择具有相对竞争优势的产业,培育一批拥有自主知识产权、技术领先和知名品牌的有影响力的国际大企业,充分发挥大企业在自主创新方面的骨干作用。同时,近年来,在IT产业、医药产业、生物产业和新材料方面涌现出了众多中小型高技术企业,我们应通过建立和健全中小型高技术企业自主创新的激励机制、构筑扶持中小型高技术企业发展的社会化服务体系、优化企业治理模式、构建企业集群等方式大力培育中小型高技术企业,发挥中小型高技术企业在技术创新、社会就业、经济结构调整方面的作用。

（二）不同地区选择不同的发展模式

高技术产业的发展模式大体有空间布局主导型、技术创新主导型、研发投入主导型和市场竞争主导型等。现实中，具体模式的选择要基于区域创新能力、人力资源、技术基础、市场环境、产业化能力、教育资源、金融环境等多种因素。我国各区域的资源条件、社会基础、经济状况、科技资源等均存在明显的差异。因此，各地应结合自身的条件和基础，选择不同的高技术产业发展模式。

东部地区基础设施完善，经济基础条件好，人力资源丰富，教育资源发达，高技术产业发展起步早、规模大、层次高，对区域经济贡献大。高技术产业发展模式应以技术创新型为主，在重大基础技术和前沿技术方面有重大突破，以期能进一步优化产业结构、提升产业层次、促进经济转型；同时，要积极参与国际分工，参与世界市场的竞争，在产业价值链的调整中向更高层次攀升。中部地区尽管高技术产业发展较快，但总量仍比较小，结构相对单一，产业层次比较低，尚未形成产业集群。因此，中部地区高技术产业发展应主要选择市场主导型与政府主导型相结合的方式，加快产业升级，优化创新、投融资机制，积极吸收东部地区技术及管理经验，整合区域内的优势，努力打造具有特色、优势的产业集群。东北地区工业基础较好，资源条件相对丰富，应选择空间布局型为主，同时加大研发投入，实现产业尽快转型升级，为高技术产业发展创造更大发展空间。西部地区的经济要素条件还无法支撑高技术产业实现良性发展，要立足产业基础、资源要素和市场条件，将高技术与传统产业相对接，使传统产业尽快升级换代，提升传统产业的附加值和技术含量，注重培养产业化价值。同时，努力提高教育水平，积极吸引和培养高层次人才，为高技术产业发展奠定坚实的人才基础。

（三）应根据不同区域特点，采取不同措施提高两系统的协调发展和互动关系水平

东部地区经济基础好、科技资源丰富、高层次人力资源集中、市场环境及金融环境比较完善，应充分利用现有条件，在现有发展基础上继续加大力度重点发展高技术产业，优化现有产业结构，使得高技术产业与区域经济的协调发展水平能在更高层次上实现并持续。中部地区正处于承接东部传统产业转移

的发展关键期,对高技术产业的选择应与区域经济基础相结合,不能"摊大饼、全面开花",也不能"盲目发展、急功近利",应有所选择,结合高技术产业对传统产业的波及效应以及高技术产业五大行业的市场情况、技术要求等有重点地发展高技术产业,力争实现"以点带面",重点突破,为高技术产业的全面发展奠定基础。西部地区是我国经济基础较差的区域,创新环境、市场环境、金融环境以及科教环境等都有待完善和提升。因此,西部地区应充分利用国家政策支持的良好宏观环境,大力加强区域经济发展基础设施的建设等,为工业升级和产业结构调整创造条件。东北地区应大力加强对传统重工业进行转换升级,同时,面对近年经济增长率下滑的局面,应创新体制机制、提高开放水平,充分利用现有资源、产业、人才、基础设施、区位等,增强对发展高技术产业的支撑能力。

第三节　研究展望

一、研究不足

本研究着重从系统论视角对高技术产业与区域经济间互动关系进行了理论和实证分析,但受研究能力的主观局限以及相关资料搜集的客观限制,也存在明显的研究不足。

(一)缺少对发达国家高技术产业发展情况的详细介绍

本研究对我国高技术产业发展情况做了详尽介绍,并从区域和行业视角做了对比分析,而对目前发达国家高技术产业发展情况介绍很少,并且没能将我国高技术产业发展与发达国家做对比分析。尽管近年我国高技术产业发展取得了很大成绩,但美、日等发达国家依然在世界高技术产业贸易格局中占据着主导地位,据《中国高技术产业统计年鉴 2011》数据显示,发达国家占全球高技术产业贸易的比重超过了 80%,并且美、日、英、德等国又占了发达国家贸易额的 90% 以上。对发达国家高技术产业发展情况的介绍有很多,比如,高技术产业发展的基本情况如何,国家的战略规划怎样,实施了哪些人才政策、投融资体制、税收政策等,发达国家高技术产业发展的新特点、新动向和新政策又是怎样的,了解这些情况对于我国认清高技术产业方向、明晰我国高技术产业在国际分工中的地位以及政府制定切实有效的产业发展政策和加快推进高技术产业发展具有重要意义。

(二)样本期限的问题

受高技术产业发展数据搜集的限制,本研究选取的样本期仅为 12 年(2002—2013)。由于样本期限比较短,使得本研究的有关研究结论具有很大局限性。这主要涉及第五章高技术产业对区域经济贡献的测度和高技术产业发展影响因素的分析,以及第七章中对高技术产业和区域经济发展水平进行的非线性拟合曲线。因此,样本期限较短是本研究的一个不足之处。

(三)高技术产业对区域经济发展的负面影响

由于高技术产业的高收益性和对经济发展的重要推动作用,目前各地均很重视发展高技术产业,但高技术产业发展所需条件比较高,同时产业关联效应比非高技术产业要强,如不能保持高技术产业持续发展,其对区域经济的支撑作用也会大打折扣。如果后向关联效应较大的高技术产业发展受到阻碍,则会对区域经济发展产生制约和阻碍作用;高技术产业发展的区域不平衡性会通过极化效应和汲取效应加大区域间发展所需的人才、资金等要素的不平衡性,从而进一步加大区域发展的不平衡;另外,高技术产品生命周期短,市场竞争更加激烈,需不断进行创新,为产业发展带来很大挑战,这使得高技术产业在技术研发、生产制造、市场推广等环节也存在着诸多不确定性。因此,在理论研究中,不能只关注高技术产业对区域经济的正向作用,也有必要深入分析高技术产业对区域经济发展的负面影响。

二、研究展望

就高技术产业与区域经济互动关系而言,还可以在以下几个方面进行深入分析。

(一)协调发展度和动态耦合度的分省份和分行业测算

本研究只是从全国层面以及四大经济区域层面对高技术产业与区域经济的互动关系进行了实证分析,东部、中部、西部以及东北地区的区域划分属于经济上的,掩盖了各省份在发展高技术产业上的自主性和政策制定的主导性;

同时,各省份产业基础、资源禀赋、市场环境等不同,使得不仅高技术产业发展呈现较大差异,即使在同一省份高技术产业的五大细分行业发展情况也不尽相同,这就为进一步研究高技术产业与区域经济耦合关系提供了新的研究方向。

(二)高技术产业发展差异的分解问题及原因探析

我国高技术产业发展存在着明显的区域和行业差异,如何从时间、空间、行业视角测算我国高技术产业发展的差异并分析发展差异的时空演变特征,有助于我们更加深刻认识高技术产业呈现的这种非均衡发展格局,并挖掘出各地阻碍高技术产业发展的实质性因素,为政府制定发展政策提供参考基础,丰富和完善我国高技术产业发展的理论研究成果。

(三)协调发展度的演化动力机制问题

根据协调发展度模型的计算过程可知,高技术产业与区域经济互动关系受两者发展水平的影响,而高技术产业与区域经济的发展水平是基于各自评价指标体系的,如何更加直观反映影响二者互动关系的主要因素有哪些,并通过实证方法进行分析,以切实反映影响协调发展度的量化关系,构建二者互动关系的动力机制是今后研究的一个重要内容。

参考文献

柴盈.自主创新型高新技术产业与深圳经济增长方式转变的主导性因素研究[J].华东经济管理,2011(7):50-53.

陈基纯,陈忠暖.中国房地产业与区域经济耦合协调度研究[J].商业研究,2011(4):112-117.

陈劲,阳银娟.协同创新的理论基础与内涵[J].科学学研究,2012(2):161-164.

陈强.高级计量经济学及 Stata 应用[M].北京:高等教育出版社,2010.

陈文娟,任泽中,金丽馥.基于面板数据的江苏省高技术产业科技竞争力实证分析[J].科技进步与对策,2014(9):56-59.

陈小磊,郑建明.基于菲德模型的信息化与工业化融合发展研究[J].情报科学,2012(4):510-513.

陈新国,肖新新,芮雪琴,等.我国高技术产业与经济增长的协整研究[J].技术经济,2011(12):58-63.

陈禹.关于系统的对话——现象、启示和探讨[M].北京:中国人民大学出版社,1989.

陈禹,钟佳桂.系统科学与方法概论[M].北京:中国人民大学出版社,2006.

陈忠,盛毅华.现代系统科学学[M].上海:上海科学技术文献出版社,2005.

大卫·C.莫厄里,理查德·R.纳尔逊.领先之源:七个行业的分析[M].胡汉辉,沈华,周晔,译.北京:人民邮电出版社,2003.

邓宏兵.区域经济学——关于制度的经济研究[M].蔡受百,译.北京:科学出版社,2008.

杜靖.产业发展理论探析[J].山西财经大学学报,2009(S2):59-60.

杜小滨.关于高技术及相关概念的分析[J].合肥工业大学学报(社会科学版),2004(6):110-113.

凡勃伦.有闲阶级论——关于制度的经济研究[M].蔡受百,译.北京:商务印书馆,1982.

封伟毅,李建华,赵树宽.技术创新对高技术产业竞争力的影响——基于中国1995—2010年数据的实证分析[J].中国软科学,2012(9):154-164.

高达宏.基于灰色关联的高技术产业创新能力分析[J].科技管理研究,2010(16):8-12.

高楠,马耀峰.旅游产业与区域经济耦合关系的时空差异——基于中国省际面板数据的实证分析[J].陕西师范大学学报(自然科学版),2014(5):90-96,108.

高山.新经济增长理论[J].商业经济,2009(8):21-22.

高秀丽.物流业与区域经济协调发展研究[D].广州:华南理工大学,2013.

高志刚,华淑名.新型工业化与新型城镇化耦合协调发展的机理与测度分析——以新疆为例[J].中国科技论坛,2015(9):121-126.

工业和信息化部赛迪研究院高技术产业形势分析课题组.2015年中国高技术产业发展形势展望[N].中国信息化周报,2015-03-12.

顾菁,薛伟贤.高技术产业协同创新研究[J].科技进步与对策,2012(22):84-89.

顾培亮.系统分析与协调[M].天津:天津大学出版社,2008.

关欣,乔小勇,孟庆国.高技术产业发展与经济发展方式转变的关系研究[J].中国人口·资源与环境,2013(2):43-50.

官建成,陈凯华.我国高技术产业技术创新效率的测度[J].数量经济技术经济研究,2009(10):19-33.

郭凤城.产业群、城市群的耦合与区域经济发展[D].长春:吉林大学,2008.

韩峰.我国东中西部高技术产业集聚的影响因素研究——基于新经济地

理学视角[D].杭州:浙江工商大学,2011.

韩凤芹.国外促进高技术产业发展的税收政策研究[J].经济研究参考,2005(53):31-41.

韩晶.中国高技术产业创新效率研究——基于 SFA 方法的实证分析[J].科学学研究,2010(3):467-472.

何爱平,宋宇.马克思主义经济学与西方经济学的比较研究[M].北京:中国经济出版社,2011.

洪嵩,洪进,赵定涛.高技术产业与区域经济共同演化水平研究[J].科研管理,2014(6):84-93.

胡红安,刘丽娟.我国高技术产业竞争力的主导影响因素分析[J].经济问题探索,2014(5):45-49.

胡实秋,宋化民,成金华.高技术产业发展的系统动力学研究[J].科技进步与对策,2001(12):87-89.

胡兆量,韩茂莉.中国区域发展导论(第 2 版)[M].北京:北京大学出版社,2008.

胡忠俊,姜翔程,刘蕾.区域经济社会发展综合评价指标体系的构建[J].统计与决策,2008(20):17-19.

华巍.我国高技术产业自主创新能力的主要影响因素分析[D].上海:东华大学,2014.

霍影.战略性新兴产业集群与区域经济空间耦合发展效率测度方法研究[J].统计与信息论坛,2012(10):78-83.

贾丽娟.高新技术产业创新与发展战略研究[M].北京:中国经济出版社,2010.

蒋伏心,苏文锦.长三角高技术产业同构对区域经济增长影响的研究——基于空间计量经济的实证分析[J].江苏社会科学,2013(3):77-82.

蒋桂容.新疆农业贷款结构对新疆农民收入增长的影响——基于灰色关联分析法[J].新疆农垦经济,2011(2):7-10.

金春雨,王伟强.我国高技术产业空间集聚及影响因素研究——基于省级面板数据的空间计量分析[J].科学学与科学技术管理,2015(7):49-56.

晋盛武,盛淑洁.中国高技术产业集聚的就业效应研究——基于空间面板的实证分析[J].地理与地理信息科学,2015(1):80-86.

卡尔·马克思.资本论:第一卷[M].北京:人民出版社,1975.

科学技术部创新发展司.2013年国家高新技术产业开发区经济状况[R].2015-02-27.

李宝霞.知识流动对高技术产业技术创新能力的影响研究[D].长沙:湖南大学,2012.

李答民.区域经济发展评价指标体系与评价方法[J].西安财经学院学报,2008(5):28-32.

李坚.科技硕果压满枝[N].中国经济导报,1999-01-06(4).

李兰冰,刘秉镰.中国高技术产业的效率评价与成因识别[J].经济学动态,2014(9):56-65.

李莉,胡玉洲.基于时间序列的公共图书馆与区域经济动态耦合研究——以广东省为例[J].图书馆理论与实践,2014(5):61-65.

李立委.北京高技术产业发展与技术进步互推效应研究[D].北京:北方工业大学,2011.

李士勇,田新华.非线性科学与复杂性科学[M].哈尔滨:哈尔滨工业大学出版社,2005.

李曙华.从系统论到混沌学[M].桂林:广西师范大学出版社,2002.

李曙华.当代科学的规范转换——从还原论到生成整体论[J].哲学研究,2006(11):89-94.

李曙华.生成的逻辑与内涵价值的科学——超循环理论及其哲学启示[J].哲学研究,2005(8):75-81.

李曙华.生成论与"还元论"——生成科学的自然观与方法论原则[J].河池学院学报,2008(1):1-5.

李曙华.系统科学——从构成论走向生成论[J].系统辩证学学报,2004(2):5-9,34.

李曙华.系统生成论体系与方法论初探[J].系统科学学报,2007(3):6-11.

李邃.中国高技术产业创新能力对产业结构优化升级的影响研究[D].南

京:南京航空航天大学,2010.

李武威.基于灰色系统理论的行业特征对高技术企业技术创新能力的影响研究——以我国 2006—2008 年高技术产业数据为例[J].工业技术经济,2012(6):151-160.

李霞.基于知识生产函数的高技术产业集聚影响因素研究[D].大连:东北财经大学,2012.

李向东,李南,刘东皇.高技术产业创新效率影响因素分析[J].统计与决策,2015(6):109-113.

理查德·R.纳尔逊,悉尼·G.温特.经济变迁的演化理论[M].胡世凯,译.北京:商务印书馆,1997.

梁吉义.论区域经济系统与发展整体观[J].系统辩证学学报,2002(1):41-44.

梁丽丽.高技术产业对区域经济增长的贡献研究[D].合肥:合肥工业大学,2009.

梁利.高新技术产业对我国经济增长贡献率的测算[J].企业技术开发,2007(10):46-48.

梁平,梁彭勇,黄馨.中国高技术产业创新效率的动态变化——基于 Malmquist 指数法的分析[J].产业经济研究,2009(3):23-28.

廖晓昕.稳定性的理论、方法和应用[M].武汉:华中理工大学出版社,1999.

廖重斌.环境与经济协调发展的定量评判及其分类体系[J].热带地理,1999(2):171-177.

林善炜.中国经济结构调整战略[M].北京:中国社会科学出版社,2003.

蔺爽.甘肃省高技术产业发展与经济增长的关系研究——基于技术生态位理论[D].兰州:兰州商学院,2014.

刘浩.高新技术产业集聚促进区域技术创新的理论与实证研究[D].武汉:武汉理工大学,2011.

刘娜娜,王效俐,韩海彬.高校科技创新与高技术产业创新耦合协调发展的时空特征及驱动机制研究[J].科学学与科学技术管理,2015(10):63.

刘书明,马志华,崔晓健,等.基于动态耦合模型的海洋生态文明与经济社会耦合演进研究[J].生态经济(学术版),2014(1):387-391.

刘希宋,李响.我国高技术产业竞争力比较评价[J].技术经济与管理研究,2005(2):15-17.

刘孝斌.腐败与税收增长:菲德模型的分析视角[J].江汉学术,2015(1):5-12.

刘阳.科学发展观引领下的区域经济发展质量指标体系构建与评价[J].哈尔滨商业大学学报(社会科学版),2009(1):64-96.

刘友金,胡黎明,赵瑞霞.创意产业与城市发展的互动关系及其耦合演化过程研究[J].中国软科学,2009(1):151-158.

逯宇铎,兆文军.高新技术产业化理论与实践[M].北京:科学出版社,2001.

路德维希·艾哈德.来自竞争的繁荣[M].祝世康,穆家骥,译.北京:商务印书馆,1987.

路德维希·冯·贝塔兰菲.一般系统论[M].秋同,袁嘉新,译.北京:社会科学文献出版社,1987.

栾贵勤,何操.区域经济概论[M].上海:百家出版社,2002.

罗斯托.经济增长的阶段:非共产党宣言[M].郭熙保,王松茂,译.北京:中国社会科学出版社,2001.

吕明洁,陈松.我国高技术产业政策绩效及其收敛分析[J].科学学与科学技术管理,2011(2):43-47.

马卫红.外资研发、制度环境与高技术产业自主创新[J].国际商务(对外经济贸易大学学报),2015(4):143-152.

马歇尔.经济学原理[M].北京:商务印书馆,1982.

孟伟.高新技术产业与经济增长关系研究[J].当代经济,2008(1):140-142.

苗东升.钱学森与系统科学[J].中国工程科学,2001(8):1-94.

苗东升.系统科学大学讲稿[M].北京:中国人民大学出版社,2007.

苗东升.系统科学精要(第2版)[M].北京:中国人民大学出版社,2006.

闵家胤.进化的多元论——系统哲学的新体[M].北京:中国社会科学出版社,1999.

牛泽东,张倩肖,王文.FDI对我国高新技术产业自主创新能力影响的实证分析[J].科技进步与对策,2011(18):57-61.

许国志.系统科学与工程研究[M].上海:上海科学教育出版社,2001.

穆荣平.高技术产业国际竞争力评价方法初步研究[J].科研管理,2000(1):50-57.

潘菁,张家榕.跨国公司在华R&D投资对我国高技术产业创新能力影响的实证分析[J].中国科技论坛,2012(1):30-36.

潘雄锋,刘凤朝,杨玲.中国区域高技术产业竞争力的时空演化特征分析[J].科学学研究,2009(1):52-58.

彭向.我国高技术产业创新能力地区差异分析[J].科技进步与对策,2009(20):25-28.

朴昌根.论系统科学体系[J].系统工程理论与实践,1985(2):28-32.

朴昌根.系统科学论[M].西安:陕西科学技术出版社,1988.

朴昌根.系统学基础[M].上海:上海辞书出版社,2005.

綦良群.高新技术产业及其产业化系统的特征分析[J].工业技术经济,2005(2):70-72.

钱水土,郭瑛颖.金融支持对中国高技术产品出口的影响研究——基于技术创新的传导途径[J].浙江金融,2012(10):21-24.

钱学森.现代科学与技术政策[M].北京:中共中央党校出版社,1991.

乔标,方创琳.城市化与生态环境协调发展的动态耦合模型及其在干旱区的应用[J].生态学报,2005(11):3003-3009.

覃成林.论中国高新技术产业与区域经济发展的相互作用机制[J].地域研究与开发,2000(4):6-9.

沙文兵,孙君.FDI知识溢出对中国高技术产业创新能力的影响——基于分行业面板数据的检验[J].经济学家,2011(11):75-79.

邵一华,吴敏.高技术产业对传统产业的影响研究[J].中国软科学,2000(3):102-105.

史丹,李晓斌.高技术产业发展的影响因素及其数据检验[J].中国工业经济,2004(12):32-39.

苏娜.高技术产业与区域经济协调发展研究[M].北京:经济科学出版社,2011.

苏娜,陈士俊.我国高技术产业对区域经济增长贡献的测算[J].统计与决策,2010(05):108-110.

孙久文,叶裕民.区域经济学教程[M].北京:中国人民大学出版社,2003.

孙晓娟,李玉婵.欠发达地区高技术产业发展的影响因素分析——以甘肃省为例[J].科技管理研究,2013(5):109-112,126.

谭伟.社会保障与区域经济互动机理及协调度研究[J].技术经济与管理研究,2011(5):117-120.

唐中赋,顾培亮.高新技术产业发展水平的综合评价[J].经济理论与经济管理,2003(10):23-28.

汪涛,叶元煦.可持续发展的产业分类理论——立体产业分类理论[J].学术交流,2000(6):74-79.

汪悦.区域分工背景下的安徽淮北市经济转型初探[J].商场现代化,2013(21):110-111.

王聪,朱喜钢,王富喜.基于均方差权值法的山东省县域城镇化水平评价[J].山东师范大学学报(自然科学版),2009(4):78.

王飞航,汪静.战略性新兴产业与高技术产业的关系研究[J].商业时代,2011(11):119-120.

王宏强.高新技术产业与区域经济发展[M].武汉:华中科技大学出版社,2008.

王敏晰.我国高新技术产业对经济增长的贡献及启示[J].技术经济与管理研究,2010(4):54-57.

王秋红,陈曦.我国高技术产业集聚水平实证研究[J].开发研究,2011(6):101-104.

王晓东,蔡美玲.基于自组织理论的我国高技术产业技术创新系统演化分析[J].科技管理研究,2009(7):14-16.

王亚平.我国高技术产业发展50年的历程[J].产经评论,1999(10):8-11.

王玉春.论我国高技术产业政策[J].财贸经济,2001(2):68-70.

王子龙,谭清美,许箫笛.高技术产业系统自适应演化与涌现分析[J].工业技术经济,2006(3):64-67.

王文博,刘生元.利用菲德模型测量教育投资的外溢效应[J].统计研究,2001(9):42-45.

卫兴华,林岗.马克思主义政治经济学原理(第3版)[M].北京:中国人民大学出版社,2012.

魏芳.高技术产业系统的自组织演化机制研究[D].武汉:武汉理工大学,2006.

邬龙,张永安.基于SFA的区域战略性新兴产业创新效率分析——以北京医药和信息技术产业为例[J].科学学与科学技术管理,2013(10):95-102.

吴大进,曹力,陈立华.协同学原理和应用[M].武汉:华中理工大学出版社,1990.

吴金光,胡小梅.财政支持对区域产业技术创新能力的影响研究——基于1997—2010年中国高技术产业数据[J].系统工程,2013(9):121-126.

吴伟,陈功玉.高技术产业化影响因素的结构研究[J].科技进步与对策,2000(6):42-44.

吴跃明,张子珩,郎东锋.新型环境经济协调度预测模型及应用[J].南京大学学报(自然科学版),1996(3):466-473.

夏绪梅,贾博.基于熵权法的高技术产业破坏性创新能力综合评价研究[J].科技进步与对策,2014(14):114-118.

肖仁桥,钱丽,陈忠卫.中国高技术产业创新效率及其影响因素研究[J].管理科学,2012(5):85-98.

谢守红,蔡海亚.长江三角洲物流业与区域经济耦合协调度研究[M].江西财经大学学报,2015(5):20-27.

谢章澍,朱斌.高技术产业竞争力评价指标体系的构建[J].科研管理,2001(3):1-6.

辛文琦.新贸易理论对我国外贸战略的启示[J].北方经贸,2012(2):10-

11,13.

　　熊彼特.经济发展理论[M].叶华,译.北京:中国社会科学出版社,2009.

　　徐承红.区域经济竞争力评价体系研究[J].西南民族大学学报(人文社科版),2007(4):182-186.

　　徐传谌,周渤.中国高技术产业竞争力研究[J].求是学刊,2014(3):79-83.

　　徐光瑞.中国高技术产业集聚与产业竞争力——基于5大行业的灰色关联分析[J].中国科技论坛,2010(8):47-52.

　　徐玉莲,王玉冬,林艳.区域科技创新与科技金融耦合协调度评价研究[J].科学学与科学技术管理,2011(12):116-122.

　　许国志.系统科学[M].上海:上海科技教育出版社,2000.

　　许继琴.关于高技术和高技术产业的理论思考[J].科技进步与对策,2003(4):107-109.

　　许旸,石冬莲.我国高技术产业集聚程度变动趋势研究[J].青海师范大学学报(哲学社会科学版),2013(1):32-36.

　　严成樑,朱明亮.我国R&D投入对经济增长的影响及其传导机制分析[J].产业经济评论,2016(1):20-29.

　　颜泽贤,范冬萍,张华夏.系统科学导论——复杂性探索[M].北京:人民出版社,2006.

　　杨大成.各地区高新技术产业发展水平综合评价[J].统计与信息论坛,2006(4):64-68.

　　杨高举,黄先海.内部动力与后发国分工地位升级——来自中国高技术产业的证据[J].中国社会科学,2013(2):25-45.

　　杨唤,陈学中.区域经济可持续发展的评价指标体系及评价方法[J].价值工程,2009(7):18-21.

　　杨丽华.长三角高技术产业集聚对出口贸易影响的研究[J].国际贸易问题,2013(7):158-166.

　　杨敏华.区域经济发展系统及系统的发展——理念及方法探寻[J].经济地理,1999(4):21-24.

　　杨玉桢,孙海平,孙莉,等.FDI技术溢出与河北省战略性新兴产业发展的研究[J].生产力研究,2015(4):65-67.

姚文捷,赵连阁.畜禽养殖业环境负荷与经济增长动态耦合趋势研究——基于浙江1978—2012年的时序数据[J].中国农业大学学报,2014(6):242-254.

姚正海,姚佩怡,王珊珊.我国区域高技术服务业发展水平评价研究——基于主成分分析法[J].经济问题,2014(1):70-74.

姚正海,张海燕.创新人才对高技术产业发展的拉动效应分析[J].高等农业教育,2015(2):25-28.

叶立国.国内系统科学内涵与理论体系综述[J].系统科学学报,2014(1):26-30.

尹希果,冯潇.我国高技术产业政策效应:时期变迁、区域收敛与行业分化[J].科学学与科学技术管理,2012(4):34-43.

余泳泽.我国高技术产业技术创新效率及其影响因素研究——基于价值链视角下的两阶段分析[J].经济科学,2009(4):62-74.

袁锐.高技术产业效率评价指标体系研究[J].商场现代化,2009(10):254-255.

苑清敏,赖瑾慕.战略性新兴产业与传统产业动态耦合过程分析[J].科技进步与对策,2014(1):60-64.

岳瑨.高技术产业成长的自组织理论透视[J].中国地质大学学报(社会科学版),2004(4):13-16.

斋藤优.技术开发论——日本的技术开发机制与政策[M].王月辉,译.北京:科学技术文献出版社,1996.

张福庆,胡海胜.区域产业生态化耦合度评价模型及其实证研究——以鄱阳湖生态区为例[J].江西社会科学,2010(4):219-224.

张目,周宗放.我国高技术产业自主创新能力评价指标体系研究[J].科技管理研究,2010(16):46-49.

张鹏,李悦明,张立琨.高技术产业发展的影响因素及空间差异性[J].中国科技论坛,2015(6):100-105.

张平,郑海莎.测度高技术产业对经济增长贡献的新方法——菲德模型

[J].科技进步与对策,2007(8):124-126.

张其佐.高技术产业:发展机制与制度创新[D].成都:西南财经大学,2002.

张晓军,张均.区域资源环境经济系统联合评价的理论和方法研究[M].北京:中国地质大学出版社,2006.

张学文,叶元煦.区域可持续发展三维系统评价理论初探[J].数量经济技术经济研究,2002(7):57-60.

张于喆.东北地区如何走出局部经济塌陷困境[N].上海证券报,2015-07-21.

张治栋,甘卫平.我国区域高技术产业自主创新能力综合评价与分析[J].科技管理研究,2014(14):11-16.

赵健.高技术产业对中国经济增长的影响研究[D].大连:东北财经大学,2014.

赵琳,范德成.我国高技术产业技术创新效率的测度及动态演化分析——基于因子分析定权法的分析[J].科技进步与对策,2011(11):111-115.

赵楠.高新技术产业对区域经济的作用分析[J].经济研究参考,2014(41):50-52.

赵玉林,汪芳.高技术产业波及效应分析[J].科学学与科学技术管理,2007(6):103-107.

赵玉林,魏芳.高技术产业发展对经济增长带动作用的实证分析[J].数量经济技术经济研究,2006(6):44-54.

赵玉林.产业经济学原理及案例[M].北京:中国人民大学出版社,2014.

赵玉林.高技术产业经济学[M].北京:科学出版社,2012.

赵玉林,等.高技术产业发展与经济增长[M].北京:中国经济出版社,2010.

赵志耘,杨朝峰.转型时期中国高技术产业创新能力实证研究[J].中国软科学,2013(1):32-42.

郑坚,丁云龙.高技术产业技术创新效率评价指标体系的构建[J].哈尔滨工业大学学报(社会科学版),2007(6):105-108.

周明,李宗植.基于产业集聚的高技术产业创新能力研究[J].科研管理,2011(1):15-21.

周鹏.区域经济风险初探[J].中央财经大学学报,2010(6):65-68.

周瑞雪,陈玉英,王露瑶,杨含.河南旅游产业与区域经济耦合水平测度研究[J].四川旅游学院学报,2014(6):30-35.

朱美玉,尤晓琳.李雅普诺夫稳定性理论应用研究[J].河南师范大学学报(自然科学版),2009(4):148-149.

朱有为,徐康宁.中国高技术产业研发效率的实证研究[J].中国工业经济,2006(11):38-45.

祝福云,陈晓暾,刘敏.高技术产业发展影响因素的实证研究——投入、机制与环境[J].陕西科技大学学报,2006(1):121-125.

左莉,武春友.基于二次孵化的高技术产业政策[J].大连海事大学学报(社会科学版),2009(3):24-27.

Arellano M, Bond S. Some Tests of Specification for Panel Data: Monte Carlo Evidence and Application to Employment Equations [J]. Review of Economic Studies, 1991, 58(2):277-297.

Arellano M, Bover O. Another Look at the Instrumental Variable Estimation of Error Components Models[J]. Journal of Econometrics,1995, 68(1):29-51.

Arrow K J. The Economic Implications of Learning by Doing[J]. The Review of Economic Studies, 1962, 29(3):155-173.

Audretsch D B, Lehmann E E. Financing High-tech Growth: The Role of Banks and Venture Capitalists[J]. Schmalenbach Business Review, 2004, 56(4):340-357.

Baddorn D, Hartley K. The Competitiveness of the UK Aerospace Industry[J]. Applied Economics,2007,39(6):715-725.

Botkin J, Dimancescu D, Stata R, McClellan J. Global Stakes: The Future of High Technology in American[M]. Cambridge Mass: Ballinger Publishing Co. , 1982.

Benko G. Technopoles, High-tech Industries and Regional Development: A Critical Review[J]. Geo Journal,2000,51(3):157-167.

Blundell R, Bond S. GMM Estimation with Persistent Panel Data: An Application to Production Functions[J]. Journal of Econometrics, 1998, 87 (1):115-142.

Bauer J, Lang A, Schneider V. Innovation Policy and Governance in High-tech Industries: The Complexity of Coordination [M]. Berlin: Springer,2012.

Boulding K E. The Image[M]. Ann Arbor: University of Michigan Press, 1956.

Bucci A. R&D, Imperfect Competition and Growth with Human Capital Accumulation[J]. Scottish Journal of Political Economy, 2003, 50 (4): 417-439.

Burgan J U. Cyclical Behavior of High-tech Industries[J]. Monthly Labor Review,1985(5):9-15.

Caves R E. Multinational Firms, Competition and Productivity in Host-Country Markets[J]. Economica, 1974,41(16):176-193.

Charles I J. R&D Based Models of Economic Growth[J]. The Journal of Political Economy, 1995,103 (4):759-784.

Choi B. High-technology Development in Regional Economic Growth: Policy Implications of Dynamic Externalities [M]. Burlington: Ashgate Publishing Company, 2003.

Chursin A, Makarov Y. Theoretical Approaches to Formation of the Systems of High-tech Industries Competitiveness Management[C]. Cham: Springer International Publishing Switzerland,2015.

Connolly E,Fox K, Inquiry E, et al. The Impact of High-tech Capital on Productivity: Evidence from Australia[J]. Economy Inquiry, 2010, 44 (1):50-68.

Czarnitzki D, Ebersberger B, Fier A. The Relationship between R&D

Collaboration, Subsidies and R&D Performance: Empirical Evidence from Finland and Germany[J]. Journal of Applied Econometrics ,2007,22(4): 1347-1366.

Czarnitzki D, Hussinger K. The Link between Spending and Technological Performance[J]. Social Science Electronic Publishing, 2004,44(8): 4-56.

Czarnitzki D, Thorwarth S. Productivity Effects of Basic Research in Low-Tech and High-Tech Industries [J]. Research Policy, 2012, 41 (9): 1555-1564.

D'Angelo A. Technological Resources, External Research Partners and Export Performance: A Study of Italian High-tech SEMs[J]. Progress in International Business Reesearch, 2010,5(5):299-326.

Ekholm K, Torstensson J. High-technology Subsidies in General Equilibrium:A Sector-specific Approach[J]. Canadian Journal of Economics, 1997,30(4):1199-1201.

Ellis C, Kevin J F. The Impact of High-tech Capital on Productivity: Evidence from Australia[J]. Economic Inquiry, 2007,45(3):50-68.

Frenkel A,Shefer D,Roper S. Public Policy,Location Choice and the Innovarion Capability of High-tech Firms:A Comparison between Israel and Ireland[J]. Regional Seience,2003,82(3):203-221.

Foerster J F. Mode Choice Decision Process Models: A Comparison of Compensatory and Non-Compensator Structures[J]. Transporation Research Part A General, 1979,13(1):17-28.

Girma S. Absorptive Capacity and Productivity Spillovers from FDI: A Threshold Regression Analysis [J]. Oxford Bulletin of Economics & Statistics, 2005,67(3):281-306.

Greenhalgh C,Mavrotas G,Wilson R. Intellectual Property,Technological Advantage and Trade Performance of UK Manufactory Industries[J]. Applied Economics,1996,28(5):509-519.

Griffth R, Redding S, Reenen J V. Mapping the Two Faces of R&D

Productivity Growth in a Panel of OECD Industries[J]. Review of Economics and Statistics, 2004,86(4):883-895.

Hall B H,Lotti F, Jacques M. Innovation and Productivity in SMEs: Empirical Evidence for Italy[J]. Small Business Economics, 2009, 33(1): 13-33.

Harris R, Robinson C. Industrial Policy in Great Britain and Its Effect on Total Factor Productivity in Manufacturing Plants, 1990-1998 [J]. Scottish Journal of Political Economy, 2004,51(4):528-543.

Hauknes J, Knell M. Embodied Knowledge and Sectoral Linkages: An Input-output Approach to the Interaction of High-and Low-tech Industries [J]. Research Policy, 2009,38(3):459-469.

Hemais C A,Barros H M, Rosa E O R. Technology Competitiveness in Emerging Markets: The Case of the Brazilian Polymer Industry[J]. The Journal of Technology Transfer,2005,30(3):303-314.

Higon D A. The Impact of R&D Spillovers on UK Manufacturing TFP: Adynamic Panel Approach[J]. Research Policy,2007,36(7):964-979.

Jenkins J C, Jaynes L A. Do High Technology Policies Work? High Technology Industry Employment Growth in U. S. Metropolitan Areas, 1988-1998[J]. Social Forces, 2006, (85)1:267-296.

Johan H, Knell M. Embodied Knowledge and Sectoral Linkages: An Input-output Approach to the Interaction of High-and Low-tech Industries [J]. Research Policy, 2009,38(3):459-461.

Kang K N, Park H. Influence of Government R&D Support and Inter-firm Collaborations on Innovation in Korean Biotechnology SMEs [J]. Technovation,2011,32(1): 68-78.

Karunaratne N D. High Tech Innovation,Growth and Trade Dynamics in Australia[J]. Open Economics Review,1998(2):151-170.

Koshovets O B, Ganichev N A. Ambiguous Effect of Arms Export on the Development of the Russian High Technology Industry[J]. Studies on

Russian Economic Development,2015(26):188-197.

Li C M , Ding L Y. Study of Coordinated Development Model and It's Application between the Economy and Resources Environment in Small Town[J]. Systems Engineering Theory & Practice, 2004, 24 (11) : 134-139.

Lind S P. A University's Relationship to High-tech Industry and the Regional Economy: The Case in Minnesota and the U. S. [D]. Minnesota: University of Minnesota,1990.

Lucas R E. On the Mechanics of Economic Development[J]. Journal of Monetary Economics,1988,22(1):3-42.

Magas I. Dynamics of Export Competition in High-technology Trade: USA, Japan and Germany 1973-1987[J]. The International Trade Journal, 1992,6(4):471-513.

Mamuneas T P. Spillovers from Publicly Financed R&D Capital in High-tech Industries[J]. International Journal of Industrial Organization, 1999, 17(2): 215-239.

Manuel A, Stephen B. Some Tests of Specification for Panel Data: Monte Carlo Evidence and an Application to Employment Equations[J]. view of Economic Studies,1991,58(2):277-297.

Nunes P M, Serrasqueiro Z, Leitao J. Is There a Linear and Growth? Empirical Evidence of High-tech SMEs[J]. Research Policy, 2012,41(1): 36-53.

Raab R A, Kotamraju P. The Efficiency of the High-tech Economy: Conventional Development Indexes Versus a Performance Index[J]. Journal of Regional Science ,2006,46(3) : 545-562.

Romer P M. Increasing Returns and Long-Run Growth[J]. The Journal Political Economy, 1986,94(5):1002-1037.

Seyoum B. The Role of Factor Conditions in High-technology Exports: An Empirical Examination[J]. Journal of High Technology Management

Research,2004,15(1):145-162.

Shannon C E. A Mathematical Theory of Communications[J]. Bell System Technical Journal,1948,27(7):379-423.

Simonen J,Sventol R,Juutinen A. Specialization and Diversity as Drivers of Economic Growth:Evidence from High-tech Industries. Papers in Regional Science,2015,94(2):229-247.

Sánchez A M. Regional Innovation and Small High Technology Firms in Peripheral Regions[J]. Small Business Economics,1992,26(4):153-168.

Sterlacchini A,Venturini F. R&D and Productivity in High-tech Manufacturing: A Comparison between Italy and Spain[J]. Industry and Innovation,2014,21(5):359-379.

Thornhill S. Knowledge,Innovation and Firm Performance in High and Low-technology Regimes[J]. Journal of Business Venturing, 2006,21(5):687-703.

Zhang J. Growing Silicon Valley on a Landscape: An Agent-based Approach to High-tech Industrial Clusters[J]. Journal of Evolutionary Economics,2003,31(13):529-548.

后　记

　　古希腊著名哲学家苏格拉底说过,世上只有一样东西是珍宝,那就是知识。在本书即将完成之际,回首自己20余年求学之路,虽无大喜大功而标,但内心深处对知识的渴求与热爱是催发自己不断前行的动力。

　　本书是在博士论文基础上修改完成的。回想博士论文写作过程,有过辛苦的工作,有过成功的喜悦,也有过失败的沮丧和不知所措的迷茫,有太多值得永远记忆和难忘的瞬间,想必每个有此经历的人都会有感于此。

　　首先感谢导师张铁刚教授,当年有幸投入张老师门下。师者,传道授业解惑也,张老师的言传身教已经并将继续对我的专业发展起极为重要的作用。我自觉愚钝,张老师却不离不弃,本书在选题、结构安排、数据搜集、实证分析等每一步都离不开张老师的细心指导、谆谆教诲和悉心关怀。在论文完成之际,谨向张老师表达我衷心的谢意。

　　感谢复旦大学周文教授,与周老师相识多年,周老师的学识影响和激发我不断积极向上;感谢中央财经大学李涛教授、齐兰教授、杨运杰教授、张志敏教授对本书选题及写作给予的关心和帮助;感谢云南财经大学赵果庆教授在本书写作过程中给予的帮助。

　　感谢同门师弟师妹在本书写作中给予的有益讨论,他们分别是陶敏阳、吴凯、汪波、赵雪婷、杨雯和朱琳。同时感谢中国人民大学博士陈跃和云南财经大学硕士吴仍康给予的大量帮助。

　　感谢浙江树人大学夏晴教授、朱红缨教授、张亚珍教授,感谢黎日荣博士、董国姝博士、吴妍博士,本书的出版离不开大家的鼓励和帮助。

　　本书的顺利出版离不开浙江大学出版社吴伟伟老师的精心指导、细心编辑。

感谢我的岳父岳母,虽已年迈,却仍在生活上给予我无微不至的关怀;感谢我的父母,是亲情给予了我最大的情感支撑,谁言寸草心,报得三春晖!

感谢妻子鲍丽波的理解和支持,妻子承担了更多家务和照顾孩子的重任,让我心生愧疚,只能在内心化作动力,不断激励自己!

最后,感谢我可爱的女儿和儿子,小家伙们带给我许多人生难得的快乐,也使我深深懂得了父亲的责任,谨以此书献给我的宝贝女儿和儿子!

感谢所有关心和帮助过我的人!

徐 波

2020 年 3 月